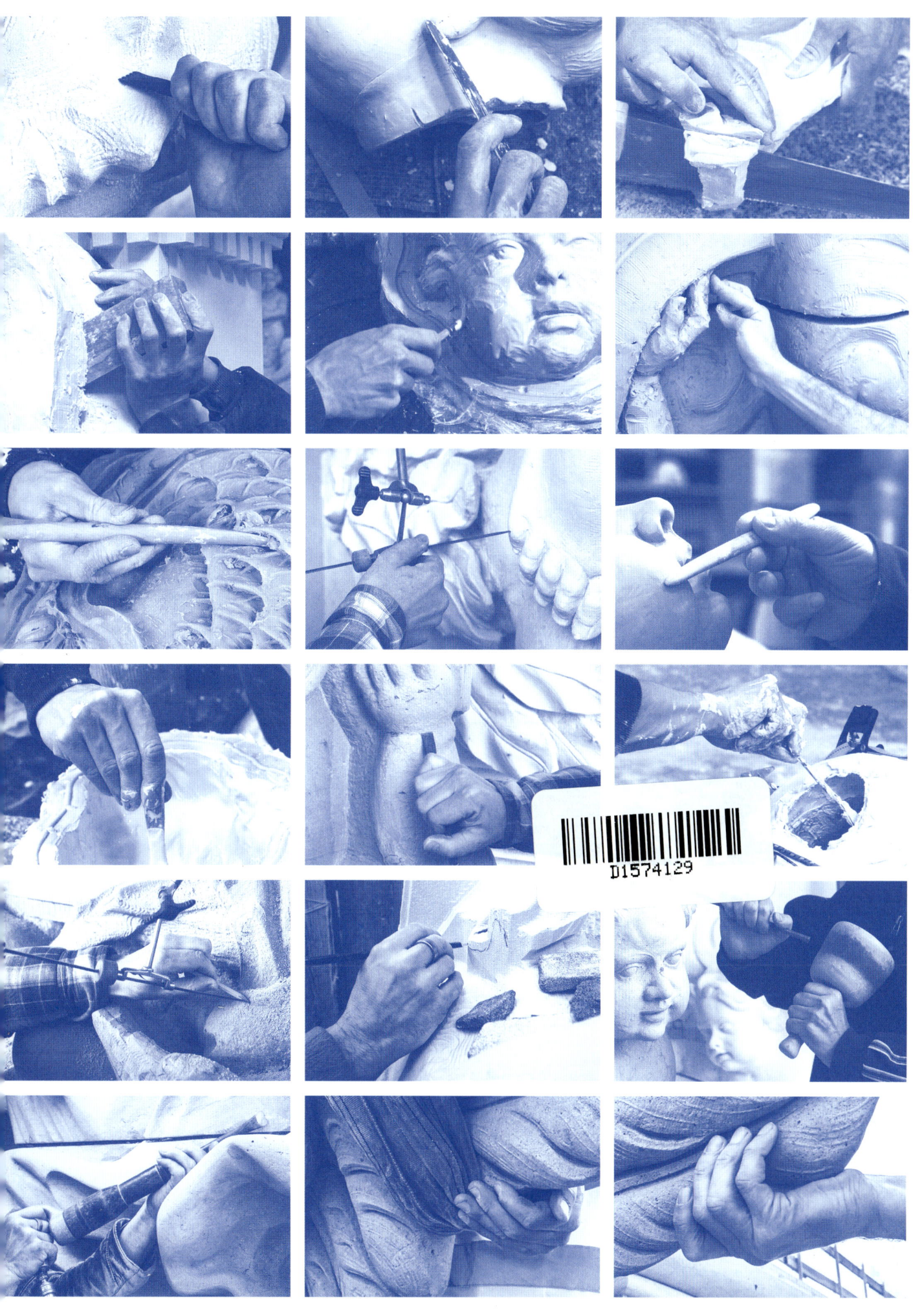

BAROCK IN ARBEIT

Cornelia Gerlach (Autorin)
und Rolf Schulten (Fotograf)

BAROCK IN ARBEIT

Die Kunst der Rekonstruktion
und das neue Berliner Schloss

INHALT

Vorwort — 7

VORSPANN

Einleitung — 11
Leiter der Schlossbauhütte Bertold Just — 17

DER PROZESS

1 DAS TONMODELL — 25

Werkstattleiter Andreas Artur Hoferick — 45
Stuckateur Siegfried Motsch — 49

2 DIE EXPERTENKOMMISSION — 51

Kunsthistoriker Bernd Wolfgang Lindemann — 56
Kunsthistoriker Fritz-Eugen Keller — 58

3 DIE GIPSABFORMUNG — 63

Bildhauer Jakob Dierichs — 81
Bildhauer Jake Oakley — 83
Bildhauer Till Deumelandt — 85
Bildhauer Thilo Reinhardt — 87

4 DAS MODELL IN ORIGINALGRÖSSE ──────── 89

    Ehemaliger Werkstattleiter Jürgen Klimes   105

5 IM STEINBRUCH ──────────────── 109

    Sprengmeister Bernd Fischer   119
    Produktionsleiter Uwe Jahr   120

6 DIE SANDSTEINKOPIE ──────────── 123

    Werkstattinhaber Sven Schubert   137
    Bildhauer und künstlerischer Leiter Ralf Knie   141
    3D-Fachmann Edgar Scheidewig   145

7 DER ROHBAU ─────────────── 147

    Architekt Fabian Hegholz   157
    Oberpolier Harald Eberhardt   159
    Technischer Vorarbeiter Edit Badic   161

8 DIE VERSETZUNG ──────────── 163

    Polier Karl-Heinz Hellige   175
    Steinmetz und Bildhauer Dirk Wachtel   179

Autorin und Fotograf   184
Impressum   184

Vorwort

Schon 2002 beschloss der Deutsche Bundestag den Wiederaufbau des Berliner Schlosses mit seiner neu definierten Funktion als Humboldt Forum. Eine große fraktionsübergreifende Mehrheit folgte der Empfehlung der internationalen Expertenkommission „Historische Mitte Berlin" für ein Museums-, Wissens- und Begegnungszentrum mit der Kubatur und historischen Fassaden des einstigen Schlosses. Im Juni 2013 legte Bundespräsident Joachim Gauck den Grundstein, zwei Jahre später wurde Richtfest gefeiert. Mittlerweile ist die Rekonstruktion der barocken Fassaden fast vollendet und rund 3000 skulpturale Schmuckelemente zieren den Bau. Die sogenannte Eckkartusche, deren Entstehung dieses Buch exemplarisch verfolgt, ist nur eines davon. Genau genommen ist sie ein vielteiliges Gebilde, das sich aus 19 schwergewichtigen Elementen aus Sandstein zusammensetzt. Bei einer Höhe von 5,80 Metern und einer Breite von 7,30 Metern wiegt sie rund 56 Tonnen. Auf den folgenden Seiten führen mehr als 160 Fotos eindrucksvoll vor Augen, welche Fachkenntnis für ihre Rekonstruktion nötig war, die sich über einen Zeitraum von vier Jahren erstreckte. An ihrem Beispiel lässt sich *en détail* nachvollziehen, wie viele Handgriffe, Arbeitsschritte, Menschen und Maschinen notwendig waren, um die barocken Skulpturen und Fassaden des Schlosses zu rekonstruieren. Barock im 21. Jahrhundert – das bedeutet modernste Technik, aber eben auch ein künstlerisches und handwerkliches Können auf höchstem Niveau.

Dieses Buch ist all denen gewidmet, die mit Enthusiasmus, Überzeugungskraft und Akribie dazu beigetragen haben, dass die Eckkartusche seit April 2016 in neuem Glanz an der Fassade zum Lustgarten erstrahlt. Zu den Wegbereitern gehören Wilhelm von Boddien als Spiritus Rector des Wiederaufbaus, Bernd Lindemann und Fritz-Eugen Keller als kunsthistorische Experten, Andreas Hoferick, der mit seinem Atelier das Modell schuf, und Bertold Just, der als Leiter der Schlossbauhütte alle Arbeiten begleitete. Dazu gehören aber auch die Architekten, Planer, Ingenieure und Steinbildhauer, die zum Bau der Fassaden beigetragen haben. Und, nicht zu vergessen, die vielen Förderer, die mit ihren Spenden die Rekonstruktion erst ermöglichen.

Rolf Schulten mit seinen Fotografien und die Journalistin Cornelia Gerlach mit ihren Interviews haben die Rekonstruktion der Eckkartusche in all ihren Phasen begleitet. Heute tragen die Putten und Ruhmeskünderinnen wieder den Monogrammschild des ersten preußischen Königs, so verlangen es die Regeln der originalgetreuen Rekonstruktion. Aber eigentlich erwarten sie am Lustgarten die vielen tausend Besucher aus Berlin, Deutschland und der ganzen Welt, die neugierig ins Berliner Schloss strömen werden, um das Humboldt Forum kennenzulernen.

JOHANNES WIEN
Vorstand und Sprecher der Stiftung Humboldt Forum im Berliner Schloss

Das Berliner Schloss – Bau und Botschaft vieler Herrscher

Wie eine schmückende Brosche überspielte einst ein steinerner Zierrahmen mit dem Monogrammschild des Königs – die sogenannte Eckkartusche – einen architektonischen Übergang an der Lustgartenfassade des Berliner Schlosses: zwischen dem Entwurf von Schlossbaumeister Andreas Schlüter links und dem vorspringenden Bau seines Nachfolgers Johann Friedrich Eosander von Göthe auf der rechten Seite.

Dieser markante Übergang aus den Jahren 1707 bis 1708 ist typisch für die Architektur des Berliner Schlosses, die durch zahllose Brüche und Übergänge gekennzeichnet ist. Ihre wechselhafte Genese ist nicht weiter verwunderlich, denn nicht nur jeder Regent stellte neue Anforderungen an die Funktion und Gestalt des Gebäudes, sondern auch jeder Architekt verfolgte seine eigenen Vorstellungen. So wollte sich jeder Baumeister von seinem Vorgänger abgrenzen und stand zugleich vor der Aufgabe, an das bestehende Werk anknüpfen zu müssen. Das sparte nicht nur Zeit und Kosten, sondern unterstützte auch den Anschein altehrwürdiger Tradition. Für eine Dynastie wie die der Hohenzollern, die erst im 15. Jahrhundert zu Kurfürsten aufstiegen und sich damit als Neulinge in der Elite des Reiches behaupten mussten, war dieser Punkt bei der Selbstdarstellung durchaus wesentlich.

Gekommen, um zu bleiben – und aufzusteigen

1443 legte der brandenburgische Kurfürst Friedrich II. auf der Spreeinsel den Grundstein zu einer Residenz. Erst wenige Jahre zuvor hatte Kaiser Sigismund der aus Franken stammenden Linie der Familie die Herrschaft über die Mark Brandenburg und die Kurwürde übertragen. Mit dem Bau eines Schlosses unterstrichen die Hohenzollern ihren Willen, dauerhaft in der Doppelstadt Berlin/Cölln zu bleiben und sie zur neuen Residenzstadt zu entwickeln. Indem sich der neue Bau auch Teile der Stadtmauer einverleibte, signalisierten sie zugleich unmissverständlich ihren Machtanspruch über die Bürgerinnen und Bürger, die ihre städtischen Freiheiten nur unwillig aufgaben.

Im Laufe des 16. und 17. Jahrhunderts bauten die Kurfürsten ihre Residenz immer weiter aus – und hatten dabei stets die fürstlichen Nachbarn im Blick, die politisch und kulturell schon einen Schritt voraus waren, so beispielsweise die Kurfürsten von Sachsen. Noch war das Ansehen des Hauses bescheiden, aber das Erbe von Territorien in Preußen und am Niederrhein stellte bereits die Weichen für den Aufstieg. Geglückte Bündnisse, Verträge und Schlachten unter Kurfürst Friedrich Wilhelm, der 1640 bis 1688 regierte, ebneten den weiteren Weg. Wie ein echter *global player* aussah, das hatte Friedrich Wilhelm während seiner Jahre in der Republik der Niederlande erlebt. Sein politischer Ehrgeiz machte ihn zum „Großen Kurfürsten". Sein dritter Sohn aus der Ehe mit der Niederländerin Luise Henriette von Oranien sollte sein Werk fortsetzen.

Ein Umbau macht Politik: Der Kurfürst will die Königswürde

Während sich Brandenburg und weite Teile des Heiligen Römischen Reiches nur langsam von den Folgen des Dreißigjährigen Krieges (1618–1648) erholten, nahm Kurfürst Friedrich III. die Königswürde fest in den Blick. Mit dem Umbau des Renaissanceschlosses zur barocken Residenz plante er, den neuen Anspruch seiner Dynastie zu verdeutlichen: Augenhöhe mit den europäischen Königen.

Dafür verpflichtete der Kurfürst 1694 als Hofbildhauer den aus Danzig stammenden Andreas Schlüter, der sich schon beim Bau des Sommerschlosses des polnischen Königs in Wilanów bei Warschau Meriten erworben hatte. Der Kurfürst schickte ihn zunächst auf Bildungsreise in die Niederlande, nach Frankreich und Italien. Dort sollte Schlüter erkunden, was architektonisch und künstlerisch bemerkenswert war. Unter Beweis stellte er sein Können dann mit bauplastischem Schmuck für das Berliner Zeughaus (heute: Deutsches Historisches Museum), darunter die Darstellungen abgeschlagener Köpfe besiegter Soldaten, die als „Masken sterbender Krieger" berühmt wurden.

1698 ernannte Friedrich III. Schlüter dann offiziell zum Schlossbaumeister. Als solcher konzipierte, plante und verwirklichte dieser in kürzester Zeit den barocken Um- und Ausbau des Schlosses. Eile tat not: Schon 1701 krönte sich der brandenburgische Kurfürst in Königsberg selbst zum König „in Preußen". Nach der opulenten Krönungsfeier, die allen europäischen Souveränen seine neue königliche Würde vor Augen führen sollte, kehrte er als König Friedrich I. mit prächtigem Gefolge nach Berlin zurück. Dem fernen Preußen verdankte er seine Königswürde, doch Zentrum seiner Königsherrschaft sollte Berlin sein und den krönenden Abschluss der Feierlichkeiten bildete der Einzug in das Berliner Schloss. Frisch vollendet verkündeten die Fassaden Schlüters mit ihrer komplexen, an antikisierenden sowie archaischen Symbolen reichen Bildsprache den Landeskindern ebenso wie den Gesandten aus Paris, Wien, London oder Sankt Petersburg, dass hier ein König ersten Ranges herrschte.

Schlüter geht, Eosander kommt: Das Schloss dreht sich nach Westen

Die Eckkartusche hätte es nie gegeben, wenn Schlüter mit dem teils sandigen, teils sumpfigen Berliner Untergrund mehr Glück gehabt hätte. Der königliche Auftrag, den Berliner Münzturm umzubauen und zu vergrößern, stand vom ersten Tag an unter keinem guten Stern. Dieser riss bereits in der Bauphase und neigte sich bei einer Höhe von sechzig Metern so, dass ein einstürzendes Gerüst mehrere Bauleute tot unter sich begrub. Für Schlüter wäre es vielleicht ein Trost gewesen, hätte er gewusst, dass bei den Untersuchungen des Baugrundes 300 Jahre später eine morastige Stelle im Untergrund entdeckt wurde, die die Ursache für sein damaliges Scheitern war.

Der König degradierte Schlüter, der schließlich 1713 nach Sankt Petersburg ging. Neuer Schlossbaumeister wurde sein einstiger Konkurrent: Eosander von Göthe. Auch für ihn galt es, den vorhandenen Bau stimmig fortzuführen und zugleich auf eigene Weise zu prägen. Dafür verdoppelte er das Bauvolumen und verlieh dem Schloss mit einem Zitat des römischen Septimius-Severus-Bogens sowohl ein markantes Westportal als auch eine neue Schauseite: Hatte sich das Schloss bisher immer nach Südosten zur Langen Brücke und alten Berliner Zentrum orientiert, so vollzog der Bau mit dem sogenannten Eosanderportal eine Neuorientierung in Richtung der wachsenden Stadt. Auch wenn die südliche Seite des Schlosses immer die offizielle, zeremonielle Seite blieb: Der Neubau des Domes und der ersten Museen auf der Lustgartenseite, der Abriss der Häuser der Schlossfreiheit – letztlich waren sie die logische Konsequenz dieser Wendung gen Westen.

Zum Ruhm eines Herrschers von Gottes Gnaden

Eosander markierte den Übergang seines eigenen Entwurfs zum Schlüter'schen Fassadensystem mit einem Vorsprung des Gebäudes, der in 24 Metern Höhe durch ein riesiges Schmuckelement bekrönt wird. Von den Rekonstrukteuren der historischen Schlossfassaden immer kurz und knapp als „Eckkartusche" bezeichnet, zeigt dieser Fassadenschmuck tatsächlich ein vielteiliges Gebilde: Zwei geflügelte, Posaune blasende „Famen" (antike Ruhmeskünderinnen) befestigen – assistiert von drei Putten – einen Zierrahmen an der Fassade. Dieser trägt einen Schild mit dem Monogramm des Königs, geschmückt mit dem Haupt der Minerva (der römischen Göttin der Weisheit und des Krieges) und wird von einer enormen Krone bekrönt. Gemäß den politischen und religiösen Vorstellungen der Zeit künden diese Famen von einem König, dessen Recht zu herrschen, Kriege zu führen, sich Länder wie Menschen untertan zu machen, durch Gott gegeben ist. Wer von nun an das Schloss von Nordwesten betrat oder passierte, kreuzte die Blicke dieser machtvollen Propagandistinnen.

So wurden die Famen zu stillen Beobachterinnen der Zeitläufte. Friedrich Wilhelm I., der sogenannte Soldatenkönig, begründete den modernen preußischen Verwaltungsstaat und sah die Schlossarchitektur eher unter praktischen Gesichtspunkten: Durch das prachtvolle Eosanderportal ließ er einen hölzernen Durchgang bauen, um seinen Beamten die Wege zu verkürzen. Sein Sohn, Friedrich II., schenkte sein Herz bekanntlich eher Potsdam und konzentrierte die Bautätigkeit in Berlin auf repräsentative Bauten an der Prachtallee Unter den Linden. Mit der zunehmenden Bedeutung dieser Tangente – die unter Friedrich Wilhelm II. mit dem Brandenburger Tor einen eindrucksvollen Abschluss fand – veränderte sich die einst höfische Lustgartenseite des Schlosses: Auf einmal befanden sich die Famen an einem zur Stadtmitte avancierten Ort. Sie sahen die Brüder Wilhelm und Alexander von Humboldt im Schloss ein- und ausgehen sowie die anderen Gelehrten, Schriftsteller und Künstler, die unter König Friedrich Wilhelm III. den aufgeklärten und liberalen preußischen Staat repräsentierten. Sie beobachteten den Einzug Napoleons und verfolgten die Siegesparaden nach den sogenannten Befreiungskriegen (1813–1815). Mit Karl Friedrich Schinkels Plänen für die Schlossbrücke, den Berliner Dom und das Neue Museum (heute: Altes Museum) wurde der Lustgarten endgültig zu einer urbanen Bühne.

Der Anfang vom Ende

Seit 1443 verkündete der Schlossbau die politische Vision seiner Bauherren – mal mit komplexem Bildprogramm, mal mit unzweideutiger Botschaft. So beantwortete König Friedrich Wilhelm IV. die freiheitlichen Bestrebungen seiner Landsleute in den 1840ern zunächst mit den Mitteln der Architektur: Ab 1845 ließ er die Architekten Friedrich August Stüler und Albert Dietrich Schadow einen Kuppelbau mit der neuen Schlosskapelle über dem Eosanderportal errichten, die seinen Anspruch auf Gottesgnadentum dominant in das Berliner Stadtbild einschrieb. Diesem Selbstverständnis folgend ließ er 1848 die Märzrevolution blutig niederschlagen.

Noch hatte Friedrich Wilhelm IV. die ihm von der Frankfurter Nationalversammlung angetragene Kaiserkrone, verbunden mit dem Bekenntnis zur Verfassung, zurückgewiesen. Doch der Siegeszug der Nationalstaaten ließ sich nicht aufhalten. Hatten die Famen einst zum Ruhm eines Hohenzollern die Posaunen geblasen, so muss ihnen ein imperiales Deutsches Reich fremd gewesen sein. Sie werden geschwiegen haben, als Wilhelm I. 1871 zum Kaiser proklamiert wurde und Wilhelm II. im Sommer 1914 die Deutschen zu den Waffen rief. Als Zeuginnen einer fernen Epoche sahen sie, wie Karl Liebknecht am 9. November 1918 direkt unter ihren Augen die „freie sozialistische Republik Deutschland" verkündete, wie mit dem Beginn der Weimarer Republik kulturelle, soziale und wissenschaftliche Einrichtungen ins Schloss zogen und Besucherinnen und Besucher ins Schlossmuseum strömten, um die Besitztümer der Hohenzollern als Kunstgenuss zu entdecken. Und sie beobachteten, wie wenige Jahre später das Schloss zur Kulisse für Aufmärsche und Masseninszenierungen der Nationalsozialisten wurde, deren Krieg das Berliner Schloss am 3. Februar 1945 zur Ruine machte.

Abrisse und Neuanfänge

Die deutsche Teilung besiegelte das Ende der Schlossruine: Gerade ein Jahr nach der Gründung der DDR ließ der Parteivorsitzende des SED-Regimes Walter Ulbricht 1950 das Schloss und mit ihm die Eckkartusche gegen erheblichen Widerstand in West- wie Ostdeutschland abreißen. In den folgenden Jahrzehnten erinnerten nur noch Fotos und vereinzelte Fragmente an die vergangene Pracht, und mit dem Palast der Republik schrieb die DDR-Regierung ein neues programmatisches Gebäude ins Zentrum der Stadt ein.

Doch schon bald nach der friedlichen Revolution 1989 begannen erneut die Debatten um die Gestaltung des Schlossplatzareals. 2002 fiel die Entscheidung des Bundestages für einen modernen Kultur- und Museumsbau mit architektonischen Anleihen an das Berliner Schloss. Das Humboldt Forum wird 2019 eröffnen. Gemäß seiner Stiftungssatzung wird eine eigene Dauerausstellung, das sogenannte Museum des Ortes, die besondere Geschichte dieses Bauplatzes zwischen Mittelalter und Gegenwart, zwischen Schloss, Palast der Republik und Humboldt Forum mit ihren vielen Widersprüchen und Kontroversen darstellen.

Eine wundersame Wiedergeburt

Ohne Zweifel ist die Rekonstruktion der barocken Schlossfassaden keine Disneyland-Schöpfung, sondern ein architektonisches und bildhauerisches Meisterwerk. Dieses Buch dokumentiert, wie viel Kenner- und Könnerschaft hier zusammenkamen, um einen zerstörten Bau wiedererstehen zu lassen. Dabei kann der Entstehungsprozess der „Eckkartusche" beispielhaft für die Entstehung aller Naturstein-Elemente stehen. Dieses Buch zeigt die Arbeitsschritte im Detail: Zu Beginn fertigten der Berliner Steinbildhauer Andreas Hoferick und seine Mitarbeiter anhand von historischen Fotografien eine plastische Skizze im Maßstab 1:6 aus Gips. In ständigen Rücksprachen mit den Kunsthistorikern, Architekten und Bildhauern der beratenden Expertenkommission vergrößerten sie diese als Tonmodelle und Gipsabformungen erst auf 1:3, dann auf Originalgröße. Hierbei näherten sich die Bildhauer den Figuren und Ornamenten zunächst grob an und arbeiteten sie dann zunehmend präziser aus. Mitarbeiter des Dresdner Steinbildhauers Sven Schubert setzten das Modell schließlich in 19 Blöcke und Ansatzteile aus Reinhardtsdorfer Sandstein um, die im April 2016 auf die Baustelle des Berliner Schlosses transportiert wurden. In tagelanger Knochenarbeit versetzten viele Männer die einzelnen Teile an die weitgehend fertiggestellte Fassade der Lustgartenseite, die aus Ziegeln und Natursteinen freitragend vor dem Rohbau aus Stahlbeton errichtet wurde. Nun prangt der Zierrahmen wieder an der Fassade und schweben die Famen zwischen Himmel und Erde: Würdige Nachfolgerinnen ihrer barocken Vorgängerinnen, werden sie zukünftig ein reges Treiben am Lustgarten beobachten, der mit der Eröffnung des Humboldt Forums eine neue Bedeutung erhält.

JUDITH PROKASKY
Leiterin Museum des Ortes
der Stiftung Humboldt Forum
im Berliner Schloss

Leiter der Schlossbauhütte
BERTOLD JUST

Bei ihm laufen die Fäden zusammen

Im Rückblick ist es ein langer zeitlicher Bogen. Vier Jahre hat es gedauert von jenem Tag im Frühjahr 2012, an dem feststand, welcher Bildhauer mit dem Modell betraut werden würde, bis zu der Woche im April 2016, in der die in Sandstein gehauene Eckkartusche in ihren 19 Blöcken und Ansatzteilen am neuen Berliner Schloss ankam. Jetzt sind die Arbeiten abgeschlossen.

Die Schlossbauhütte als Schaltzentrale

Es ist ein strahlend schöner Morgen. Bertold Just läuft durch die Werkhalle. Er ist Leiter der Schlossbauhütte, die im ganz klassischen Sinne das künstlerische Zentrum des Projektes Berliner Schloss ist. Inzwischen ist es ruhiger geworden hier, in der lichtdurchfluteten Halle in Berlin-Spandau, in der einst die Alliierten Kraftfahrzeuge reparierten. Justs Schritte in seinen mit Stahlkappen verstärken Sicherheitsschuhen hallen nach, untermalt vom Surren eines Druckluftmeisens und dem „tock, tock, tock" eines Bildhauerklüpfels auf stählernem Meißel, das durch die Tür vom Hof hereindringt. „Wir haben unheimlich viel gelernt in diesen Jahren", sagt Just. „Wir", das sind die Bildhauer, die Kunsthistoriker, die Planer und natürlich auch er selbst als derjenige, bei dem die Fäden zusammenlaufen. So vieles war neu und aufregend. Jeder wollte mitmachen und jeder wollte ein Stück von dem Kuchen, der da verteilt wird.

Die Schlossbauhütte ist das Zentrum der Rekonstruktion von architektonischen und bildhauerischen Schmuckelementen der Fassaden. Freiberuflichen Bildhauern und Restauratoren stehen hier für die Dauer ihres Auftrages Arbeitsfläche und Equipment zur Verfügung. Andere Bildhauer arbeiten in ihren eigenen Werkstätten. Die Eckkartusche ist in den Werkstätten von Andreas Hoferick in Berlin-Weißensee und von Sven Schubert in Dresden entstanden. Bertold Just koordiniert alle diese Arbeiten und hält den Kontakt zu den Ausführenden, sowohl in der Schlossbauhütte als auch in den externen Werkstätten.

„Die Eckkartusche ist ein schwieriges Stück"

Auf einem Regal in einer dunklen Ecke steht das Modell der Eckkartusche im Maßstab 1:6 – das Stück, mit dem sich Steinbildhauermeister Andreas Artur Hoferick um den Auftrag beworben hatte. Just zeigt auf die modellierte Werkskizze, Bildhauer sprechen von einem Bozzetto.

„Die Eckkartusche ist ein schwieriges Stück", sagt Bertold Just. Sie schmückt das Schloss an der dem Lustgarten zugewandten Nordseite an einer Stelle, wo die Architektursprache von Andreas Schlüter auf jene von Johann Friedrich Eosander von Göthe trifft. Als Schmuckelement überbrückt sie eine Gebäudeecke. In ihrer komplexen Form aus vorderer Skulptur und rückwärtigem Gewändestein stellt sie hohe Ansprüche an das räumliche Vorstellungsvermögen. Und: Sie wurde im Verlauf einer langen Zeit immer wieder repariert, wobei ein Teil der ursprünglichen Komposition gestört wurde. Das macht es schwierig, ihre Formensprache zu begreifen. „Es ist das komplizierteste Stück vom ganzen plastischen Schmuck", sagt Just. Hinzu kommt: Sie ist riesig, in Stein gehauen ist sie knapp sechs Meter hoch und wiegt rund 56 Tonnen.

„Der Wahnsinn ist der Bozzetto"

Wer denkt, die Meisterleistung bestünde darin, die riesige Kartusche in Stein zu hauen, wird von Just eines Besseren belehrt. „Die Steinumsetzung ist nicht der große Akt", sagt er. „Der Wahnsinn ist der Bozzetto, da wird die Komposition im Kleinen geklärt und davon das 1:1 Modell gemacht. Beim Vergrößern nicht den Überblick zu verlieren, ist sehr schwer."

Für Bertold Just ist die Eckkartusche nur eines von rund 3000 Bildhauerobjekten, darunter Adler, Rosetten, Kronen, Putten, Kapitelle, Konsolen, Metopen und Skulpturen, für die er zuständig ist. Zu seinen Aufgaben gehört es, ihre Qualität sicherzustellen und dafür zu sorgen, dass aus den vielen kleinen Stücken am Ende ein großes Ganzes wird.

Vom Stuckateur zum Manager

Seinen Werdegang begann Bertold Just als Stuckateur und zog als Lehrling zu Beginn der Achtzigerjahre über Kopf die Gesimse im Schinkel'schen Schauspielhaus am Gendarmenmarkt, beim VEB Stuck und Naturstein in Ost-Berlin – einem der größten Fachbetriebe in der DDR. Anschließend lernte er dort die Bildhauerei und arbeitete bis 1991 bei Jürgen Klimes, damals Leiter der Bildhauerwerkstatt im VEB Stuck und Naturstein. Andreas Hoferick war einer seiner Kollegen. Seit der Sprengung 1950 war das Schloss Geschichte. Aber in der Werkstatt standen zwei Köpfe von Genien. „Die waren immer präsent", erzählt Just, „es hieß, die seien vom Schloss, und Jürgen Klimes hätte sie über die Zeit gerettet." Just kopierte einen dieser Köpfe in Stein. „Ein unglaubliches Teil", sagt er, „obwohl es in rund 28 Metern Höhe saß, war es so fein ausgearbeitet, als hätte man es in einem Museum präsentieren wollen."

Später besuchte Bertold Just die Meisterschule. Es folgte ein Job im Ingenieurbüro seines Vaters, der ihm zeigte, wie man ein Bauprojekt führt. „Da kam für mich alles hinzu, was über den Schreibtisch ging", erinnert sich Just, „Ausschreibungen, Vergaben, Bauüberwachung, Abrechnung." 2000 wechselte er an die Staatlichen Museen zu Berlin und wurde Atelierleiter der Gipsformerei. Rund 7000 verschiedene Abformungen von Originalobjekten gibt es dort, vom ägyptischen Käfer bis hin zu Skulpturen der Kubisten. Seine Aufgabe: „25 festangestellte Mitarbeiter jeden Tag unter Dampf zu halten." Ständig kamen Aufträge von Museen, für Ausstellungen und Studiensammlungen oder von Architekten und Künstlern herein und mussten ausgeführt werden. Just lernte, große Projekte zu koordinieren. Einmal fertigten sie den Figurenfries vom Pergamonaltar, um ihn nach São Paulo zu verschiffen und dort aufzubauen. 2011 fragte ihn der Vorstand der heutigen Stiftung Humboldt Forum im Berliner

Schloss, ob er Leiter der Schlossbauhütte werden wolle.

Das Fußmaß ist entscheidend

Proportionslehren, Maßsysteme, der kunsthistorische Kontext oder historische Arbeitstechniken bilden die Grundlage der Arbeit. Zum Beispiel wurde beim Bau des Berliner Schlosses der rheinländische/preußische Fuß zugrunde gelegt und noch nicht der Meter. Ein Fuß entspricht 31,3853497 Zentimetern. Misst man das Schloss in Metern, bekommt man lauter krumme Zahlen, in Fuß geht alles gerade auf. An einem Rundbild, einem Tondo des Romulus, zeigt sich: „Das Fuß-Maß stimmt bis in die Nasenspitze", so Bertold Just. Zu seinen Aufgaben gehört es, solche Erkenntnisse quer durch alle Ateliers mit den Bildhauern zu besprechen.

„Das Schöne am Barock ist: Die flippen dann rundherum aus."

Unter den vielen Objekten, die sie hier seit 2011 schaffen, ist die Eckkartusche etwas Besonderes. Noch bevor die Arbeiten im Sommer 2012 richtig losgingen, vertiefte Just sich in die Eckkartusche. Er suchte einen zentralen Punkt, setzte den Zirkel an und schlug einen Kreis. Auf diese Weise ließen sich Bezüge finden, die sich in der Komposition auswirken. So liegen Knie, Puttenkopf und Helm auf Kreisen um einen zentralen Punkt herum, der in den Initialen FR liegt. „Der Bildhauer kann die Falten eines Gewandes ja hintun, wo er will", sagt Just, „aber bei diesem Stück liegen sie genau im Radius." Man muss diese Systeme erkennen, ist Just überzeugt. „Wenn man das nicht tut, modelliert man irgendwas in den Himmel."

Die Gesamtkomposition der Eckkartusche vergleicht Bertold Just mit einem Planetensystem: In der Mitte leuchtet, sonnengleich und ursprünglich komplett vergoldet, das Schild mit den Initialen FR, für Fridericus Rex, Friedrich I., König in Preußen. Analog einem Planetensystem rotieren Famen, Putti, Voluten und Athenahaupt auf Umlaufbahnen wie Planeten um die „golden strahlende Sonne" – wir befinden uns in der Zeit des französischen „Sonnenkönigs". Die Kartusche ist nicht nur Zierrat. Sie ist gleichsam eine Demonstration der absoluten Macht. Zugleich jedoch sprengt sie in ihrer Formensprache immer wieder die strenge Komposition. „Das Schöne am Barock ist: Die flippen dann um das sorgfältig komponierte Gerüst herum aus", sagt Just. „Das macht die Schönheit aus."

Immer in Bewegung, immer im Gespräch

Als Leiter der Schlossbauhütte ist Bertold Just ständig in Bewegung, spricht mit dem Architekten, Bauleitern und Ausführenden, fährt quer durch Deutschland und Polen, besucht die Bildhauerateliers und Natursteinfirmen, in denen die Sandsteinelemente entstehen. „Ich bin in der glücklichen Lage, alle zu kennen", sagt Just. Er redet mit den Leuten, sammelt deren Erfahrungen und trägt sie weiter zum Nächsten, damit nicht jeder immer wieder ganz von vorne anfangen muss, sondern alle gemeinsam voneinander lernen. Am Ende soll das Gebäude ja wie aus einem Guss sein.

„Wir könnten so ein Schloss wiederholen"

Bertold Just hat die Eckkartusche viele Male besichtigt. Erst in der Werkstatt von Andreas Hoferick in Berlin-Weißensee, wo das Tonmodell und seine Gipsabformung zunächst im Maßstab 1:3, dann im Maßstab 1:1 entstanden. Später bei Sven Schubert in Dresden, wo die Sandsteinkopie entstand. Schritt für Schritt hat er erlebt, wie aus dem kleinen Bozzetto ein gewichtiges Objekt wurde, das sich über den Betrachter wölbte. Und doch war er gespannt, wie es aussieht, wenn die Kartusche in 28 Metern Höhe an der Fassade des Berliner Schlosses angebracht sein wird. „Da wirkt so ein Bildwerk ganz anders." Die Proportionen verschieben sich. Modelliert wurde ja auf Augenhöhe. Alle Beteiligten haben natürlich versucht, diesen Aspekt mitzudenken. „Das Auge muss das zusammenziehen", sagt Just.

Bis die Eckkartusche ganz fertig ist, wird noch Zeit vergehen. Bisher glänzt noch nicht alles – die Initialen des Königs zum Beispiel werden vergoldet. Das wird erst gegen Ende der Arbeiten geschehen, damit zur Einweihung alles strahlt.

„Wir haben viel gelernt", resümiert Bertold Just. Dieses Wissen auch in Zukunft nutzen zu können, wäre schön. Da gibt es ja an vielen Orten in Berlin Bedarf – sei es an historischen oder rekonstruierten Gebäuden oder auch an Neubauten. Die Modelle und Formen der Fassadenelemente sind eingelagert. Das Know-how ist da. „Wir könnten so ein Schloss wiederholen", sagt Bertold Just.

DER PROZESS

DAS TONMODELL
Werkstatt Andreas Artur Hoferick, Berlin
Juli 2012 – Februar 2013

DIE EXPERTENKOMMISSION
Berlin
2012 – 2016

DIE GIPSABFORMUNG
Werkstatt Andreas Artur Hoferick, Berlin
Februar 2013 – April 2013

DAS MODELL IN ORIGINALGRÖSSE
Werkstatt Andreas Artur Hoferick, Berlin
Mai 2013 – März 2014

IM STEINBRUCH
Reinhardtsdorf
Frühjahr 2014

DIE SANDSTEINKOPIE
Schubert Steinmetz und Steinbildhauer, Dresden
September 2014 – März 2016

DER ROHBAU
Hochtief Solutions, Berlin
März 2013 – Dezember 2014

DIE VERSETZUNG
Bamberger Natursteinwerk Hermann Graser,
Schubert Steinmetz und Steinbildhauer, Berlin
April 2016 – Mai 2016

1

25

DAS TONMODELL

Werkstatt Andreas Artur Hoferick, Berlin
Juli 2012 – Februar 2013

In der Werkstatt von Andreas Hoferick steht das Modell der Eckkartusche, mit dem er sich um den Auftrag bewarb. Das Bundesamt für Bauwesen und Raumordnung hatte das Projekt im Auftrag der Stiftung Humboldt Forum ausgeschrieben, mehrere Werkstätten reichten kleine Bildhauermodelle im Maßstab 1:6, sogenannte Bozzetti, ein. Der Auftrag ging an Andreas Hoferick und seine Mitarbeiter in Berlin-Weißensee. Hoferick gestaltet nun zunächst ein Tonmodell im Maßstab 1:3, um daran zu klären, wie die Eckkartusche im Raum wirkt und wie sie sich in einzelne Blöcke unterteilen lässt. Als Grundlage dienen ihm historische Fotos und die Zeichnungen der Architekten. Die Expertenkommission liefert wertvolle Hinweise auf Vorbilder in der Kunst.

Vom Stuckateur Siegfried Motsch lässt Hoferick sich die Ecke der Schlossfassade nachbauen – in Gips und auf ein Drittel verkleinert. Er stellt bald auch zusätzliche Mitarbeiter ein, um das Projekt bewältigen zu können: Thilo Reinhardt und Jakob Dierichs, Max Mikeska, Till Deumelandt und Jake Oakley arbeiten mit. Zur Stabilisierung des Modells schweißt Andreas Hoferick zunächst ein Gestänge. Die Kartusche selbst modellieren die Bildhauer in Ton, der stets feucht gehalten werden muss, damit er nicht reißt. Ihr Duktus ist zunächst einmal skizzenhaft und ruppig. Aber im Laufe der Zeit konkretisieren sich die Formen, bald sind die Flügel und die Gesichter fein herausgearbeitet. Im Februar 2013 ist das Tonmodell im Maßstab 1:3 fertig. Mit einem Laser werden noch die künftigen Fugenschnitte bestimmt.

Ein Blick in die Werkstatt, Leiter Andreas Hoferick bei Sägearbeiten

DAS TONMODELL

29

DAS TONMODELL

30

1–4 Stuckateur Siegfried Motsch baut die Ecke der Schlossfassade für die Anbringung des Modells nach.

5 Werkstattleiter Andreas Hoferick bei Schweiß-
arbeiten für die Anbringung der Modellkartusche

DAS TONMODELL

1 Der Bozzetto wird für die Übertragung auf das Modell 1:3 vermessen.

2–5 Modellierarbeiten am Tonmodell 1:3

6 Historische Fotos vom Originalstück liefern wertvolle Informationen für die Modellierarbeiten.

Verschiedene Werkzeuge für die Modellierung des Tons

DAS TONMODELL

DAS TONMODELL

1–2 Prüfender Blick von Werkstattleiter Andreas Hoferick auf historische Fotos und das Tonmodell 1:3

3–4 Feinarbeiten am Tonmodell 1:3

DAS TONMODELL

37

DAS TONMODELL

38

Feinarbeiten am Tonmodell 1:3

DAS TONMODELL

1–3 Bestimmung der künftigen Fugenschnitte mit einem Laser am fertigen Tonmodell 1:3

DAS TONMODELL

41

DAS TONMODELL

42

Das fertige Tonmodell im Maßstab 1:3, davor der Gips-Bozzetto 1:6

DAS TONMODELL

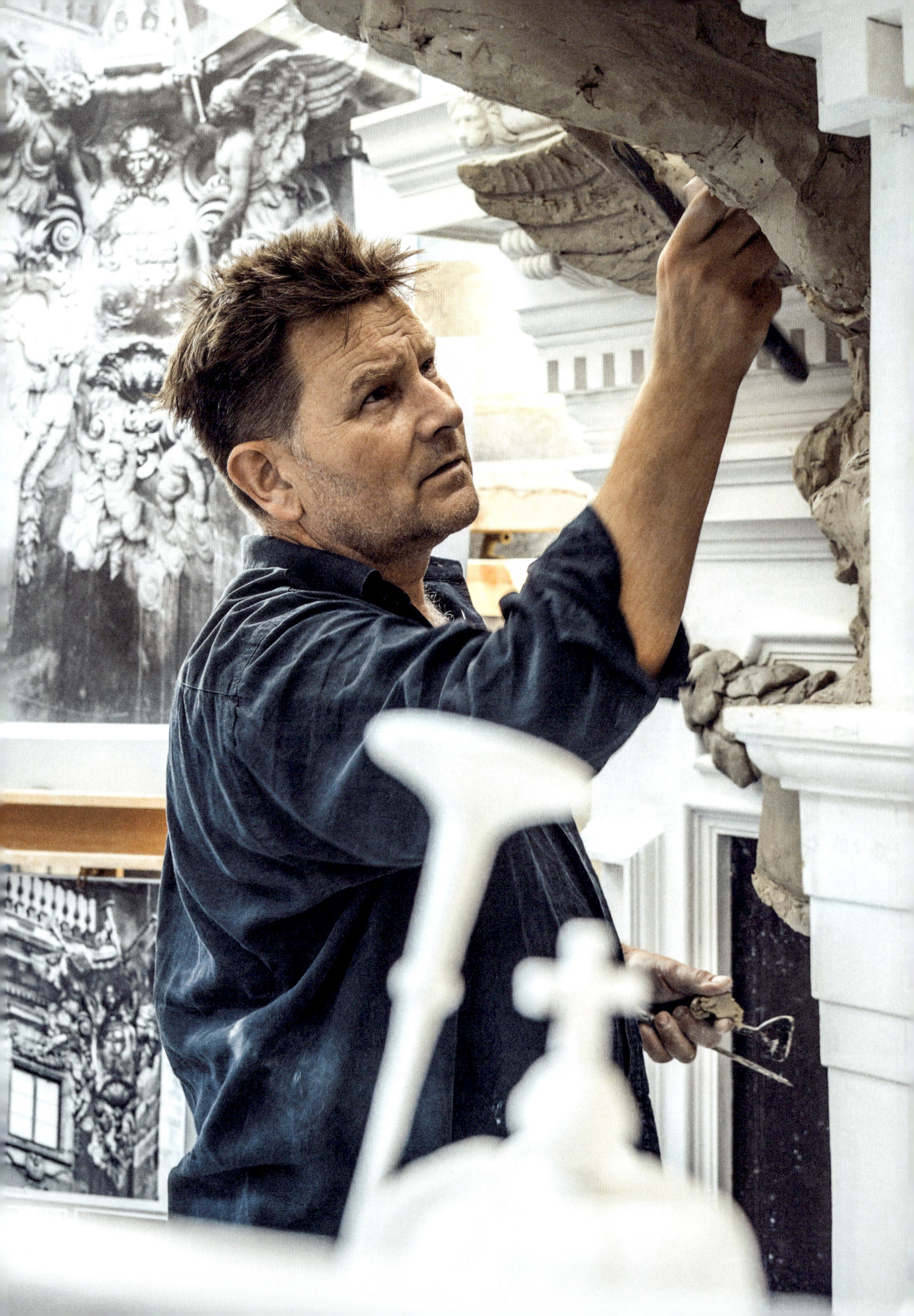

Werkstattleiter
ANDREAS ARTUR HOFERICK

Er übersetzte die Zeichnungen ins Dreidimensionale

Hinter einem Schreibtisch aus Granit sitzt der Steinbildhauer Andreas Hoferick in seinem Büro in Berlin-Weißensee. Dicke Perserteppiche dämpfen die Geräusche, durch die Fenster fällt weiches Licht. Ein Diwan lädt zum Träumen ein, die Katze Emma maunzt, es riecht nach frisch gebrühtem Kaffee.

Herausgehoben aus der Welt

Dies ist ein Ort, wo den Gedanken Flügel wachsen. Vor sich auf dem Schreibtisch hat Hoferick eine Wand aus Monitoren aufgebaut. Er schaltet den Rechner ein. Auf den Bildschirmen erscheint die Eckkartusche in ihrer ganzen Breite.

In seinem Büro, herausgehoben aus der Welt und auch aus der Werkstatt, die gegenüber im Hinterhof liegt, hat Hoferick sein Refugium. Hier oben kann er auch dann noch klar denken, wenn sich unten in der Werkstatt die Dinge überschlagen. Manchmal schleicht ihm die Katze um die Füße. Sonst ist in seinem Büro alles darauf gerichtet, die Gedanken zu fokussieren. In technischer wie auch in künstlerischer Hinsicht.

Ein Meisterwerk der Planung

Die Eckkartusche traf auf einer CD ein, als ein komplexer Datensatz, den Architekten in mehrjähriger Arbeit erstellt hatten. Sie hatten alte Fotos in Pläne übertragen, die die Maße des Gebäudes und seiner historischen Fassade festlegten. Aber die Eckkartusche ist nicht plan. Sie erhebt sich verwinkelt und raumgreifend in die dritte Dimension. Die zweidimensionalen Zeichnungen in ein plastisches Schmuckelement zu übersetzen war Hofericks Auftrag. Er schob damals die CD in den Rechner, und das Abenteuer begann.

In dieser ersten Zeit im Frühsommer 2012 hat Andreas Hoferick die Kartusche nicht als Kunstwerk aufgefasst, sondern als Objekt, das technisch bewältigt werden will: knapp sechs Meter hoch und rund 56 Tonnen schwer. Allein die Maße räumlich zu entwickeln, war schon eine Herausforderung. Es galt, das Schmuckelement nicht nur von vorn zu denken, sondern auch von hinten und von den Seiten, damit sich der Gewändestein später passgenau in die Architektur des neuen Schlosses einfügt; zu überlegen, wie man die große Skulptur so in Blöcke zerlegen kann, dass diese sich transportieren und im Mauerwerk verankern lassen. Und das alles mit großer Präzision.

Vom Kleinen ins Große denken

Um nicht an den schieren Dimensionen zu scheitern, verkleinerte Hoferick das Objekt zunächst einmal. Am Tonmodell im Maßstab 1:3 ließ sich vieles handlicher klären. Dieses 1:3-Modell formten seine Mitarbeiter dann in Gips ab und teilten es mit einer eigens dafür konstruierten Säge in große Blöcke.

Die Architekten, die vorbeischauten, waren verblüfft. Sie hatten zwar in den Plänen angegeben, wo die Schnitte verlaufen sollten. Aber wie so ein Block dann tatsächlich aussieht – vorne ein Stück von einem geflügelten Wesen, nach hinten der Gewändestein – hatte sich keiner vorgestellt. „Am Computer kann man so etwas nicht begreifen", sagt Hoferick. Zwar gibt es 3D-Simulationen, „da kann ich alles drehen und es sieht dann putzig aus. Aber das Stück zum ersten Mal plastisch zu erleben ist etwas ganz anderes." Manche Fugenschnitte ließen sich nicht so realisieren, wie die Architekten sich das gedacht hatten. Mit einem Lasergerät ließ Hoferick rote Linien auf das Modell projizieren, um zu prüfen, wo Schnitte möglich wären, ohne das Gesamtbild zu stören. Als die Mitarbeiter später das Tonmodell und seine Gipsabformung im Maßstab 1:1 für die Steinbildhauer fertigten, waren die entscheidenden Fragen geklärt. „Ich muss die Dinge so gründlich planen", sagt Hoferick über sich selbst. Andere kommen vielleicht gleich zur Sache. Er ist da anders.

Es hat lange gedauert, bis Hoferick sich um den Auftrag bewarb. Seine Mitarbeiter fingen schon an zu drängeln: „Warum kümmerst du dich nicht?" Aber Hoferick fordert das Schicksal nicht gerne heraus, er geht lieber Umwege, als die Dinge allzu forsch anzupacken. So hat er es mit dem Berliner Schloss gehalten. Und so hielt er es auch damals, als er jung war, mit dem Einstieg in die Kunst.

Ein Ausbildungsjunkie: Steinmetz, Bildhauer, Restaurator

Seine Eltern ließen ihm Zeit für die Berufswahl. Sie waren beide musisch orientiert. Die Mutter sang im Chor und als Solistin, der Vater arbeitete als Elektroakustiker und Hochfrequenztechniker, unter anderem als Aufnahmeleiter des Gewandhausorchesters in Leipzig. Er ließ zu, dass der Sohn einen anderen Weg ging, ja förderte sogar dessen Ambition, Figuren zu modellieren. Der Sohn bewarb sich an den Kunsthochschulen, und nach der siebten Eignungsprüfung hätte er an der Kunsthochschule Berlin in Weißensee anfangen können – wenn er in der Partei gewesen wäre. War er aber nicht. Ein Freund sagte: „Lass den Quatsch mit der Kunst, das ist brotlos, lern ein solides Handwerk." Der Freund war Steinmetz und überredete Hoferick, auch einer zu werden.

Andreas Hoferick machte sich auf die Suche nach einer Lehrstelle und fand im thüringischen Stadtroda in Frank Arnold einen Meister, der sagte: „Wenn du Bildhauer werden willst, dann ran. Alles, was du dir zutraust an Modellen und Umsetzungen, kannst du machen." Noch während der Ausbildung zum Steinmetz beschäftigte Hoferick sich also auch mit der Bildhauerei. Sein Meister zeigte ihm die Grundlagen. Künstlerisch schlug Hoferick sich oft auf eigene Faust durch, die vielen Kirchen in der Gegend um Saalfeld an der Saale lieferten reichlich kunstgeschichtliche Anregungen. Bald war klar, dass er weitergehen und Steinbildhauer lernen, sich dem Handwerk also von der künstlerischen Seite nähern würde.

Der Weg war lang: Nach den drei Jahren bei Frank Arnold ging Hoferick zum VEB Stuck und Naturstein, dem Steinmetz- und Stuckateurbetrieb in Ost-Berlin. Im ersten Jahr arbeitete er als Geselle in der Vorfertigungswerkstatt, um sein Talent unter Beweis zu stellen. Es folgten eine einjährige Probezeit und anschließend eine dreijährige Steinbildhauerlehre in der Werkstatt von Jürgen Klimes. Der Faktor Zeit, das Üben war entscheidend für ihn.

Hoferick wurde ein Ausbildungsjunkie, wie er selbst sagt, studierte am Ende doch noch und machte einen Abschluss als Diplom-Restaurator (FH) mit der Spezialisierung auf Restaurierung von Steinplastiken und Kulturgut aus Stein. Er lernte die Grundlagen von Technologie und Logistik, den Umgang mit schweren Maschinen, was ihn heute zum Beispiel befähigt, auch drei Tonnen schwere Steine millimetergenau zu bewegen.

Eine Skulptur ist wie eine Sinfonie

Bei den Arbeiten an der Eckkartusche kam ihm das alles zugute: Er ging erst mal sehr verkopft ran. Das Stück ist komplexer als die anderen Schmuckelemente der Fassade, die Übergänge zwischen Architektur und Skulptur sind fließend. Andreas Hoferick hatte es ja nicht mit einer Fläche zu tun, sondern mit einer nach hinten verwinkelten und nach vorne in alle Richtungen auskragenden Skulptur, die in einer mit Gesimsen geschmückten Gebäudeecke angebracht ist.

„Mich interessiert die Komposition", sagt Hoferick und zieht den Vergleich zu einer Sinfonie für Orchester, nur dass seine Klangwelt skulptural ist. Es gilt die Nuancen zu erfassen, das Ruppige im Schlüter-Barock und die leicht anders akzentuierten Töne bei Johann Friedrich Eosander von Göthe. Es gelte, genau zu erfassen, wie Skulptur und Gebäude zu einer Einheit werden.

Mit Temperament in die Form gehen

„Am Ende muss ich dann trotzdem springen", sagt Hoferick. „Da muss ich alles Technische beiseitewerfen und den dicken, spontanen Künstler in mir aktivieren." Dieser Wechsel ist radikal. Nach dem langen Ritt durch Ausschreibung, Planung und Vorarbeiten gilt es, zurück zur eigenen künstlerischen Intuition und Handschrift zu finden. „Da muss ein Temperament über die Form gehen und alles noch einmal im Ganzen durchleben. In diesem Moment musst du so individuell und einsam sein, dass du dich komplett einlässt und Inhalt und Form zu einer Figur zusammenfügst, die dem, was da mal stattgefunden hat, gleicht." Über jeden Zentimeter geht Andreas Hoferick dann noch einmal drüber, auch das Finish ist von ihm, nicht von irgendjemand. So wird aus Handwerk Kunst.

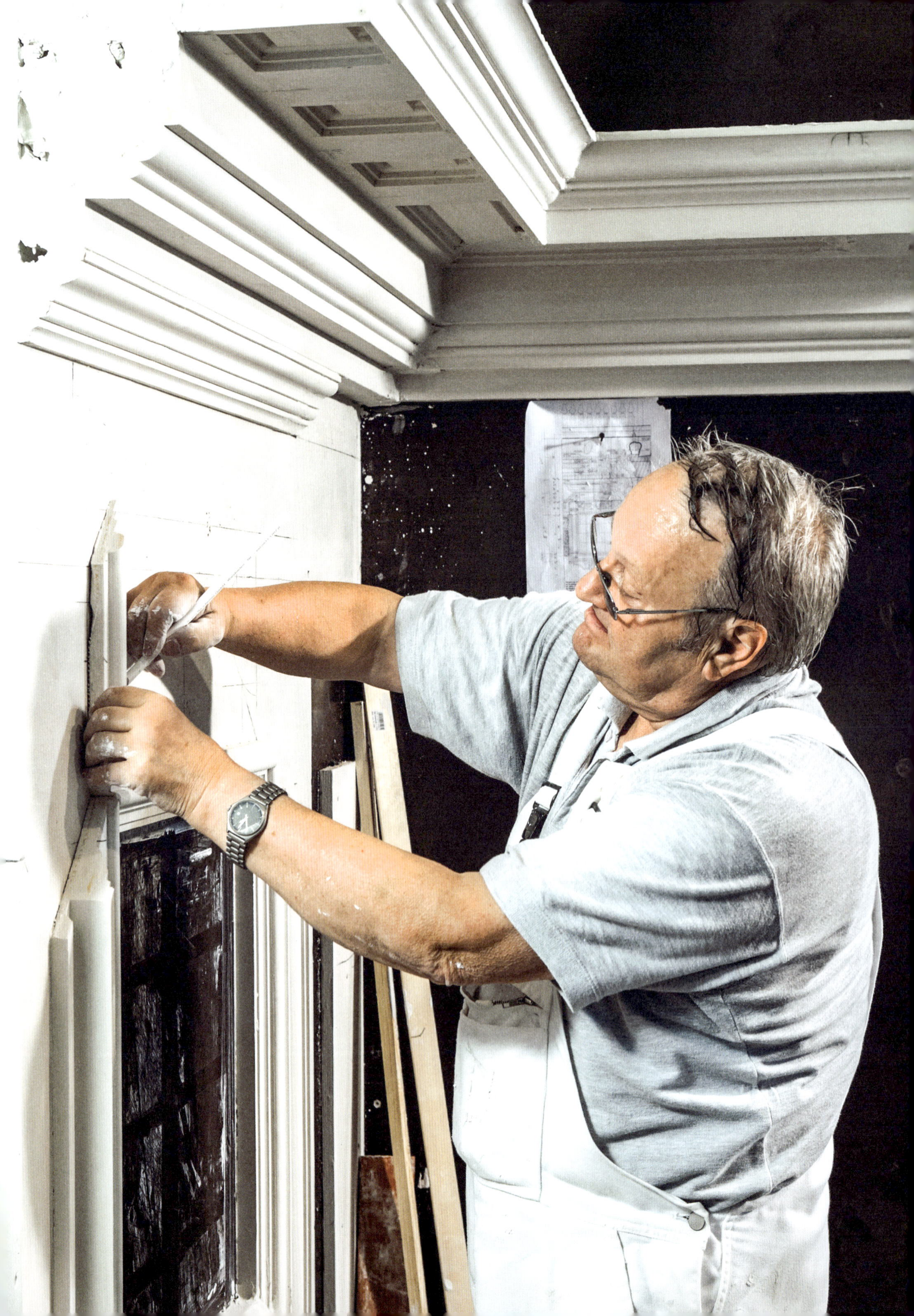

Stuckateur
SIEGFRIED MOTSCH

Erfahren im plastischen Ausformen von Fassadenstuck

Nach der Auftragserteilung ging es richtig los. Es scheint unwirklich lange her zu sein, dass Siegfried Motsch, ein erfahrener Stuckateur, im Frühsommer 2012 in der Werkstatt erschien und die Profile brachte. Er hatte die Simse und die steinernen Rahmen um die Fenster des Schlosses in Gips gezogen. In der Werkstatt von Andreas Hoferick wurden diese Profile zusammengesetzt, so dass ein Stück der historischen Fassade im Maßstab 1:3 im Raum stand – jener Ecke, in die sich die Kartusche einfügen muss. Sie diente den Bildhauern als Hintergrund-Architektur für die Arbeit.

Siegfried Motsch war einst Komplexbrigadier im VEB Stuck und Naturstein und arbeitete mit den unterschiedlichsten Gewerken an großen Projekten zusammen. Er kennt viele, die jetzt am neuen Schloss mitbauen, schon von früher. Er hat die Deutsche Staatsoper mit Stuck ausgestattet, ein Gebäude am Frankfurter Tor, das Schinkel'sche Schauspielhaus am Gendarmenmarkt. Die große Kronleuchter-Rosette dort ist sein Werk. Dafür bekam er sogar einen DDR-Verdienstorden, das „Banner der Arbeit". „Von der Prämie konnten wir uns schön eine Couchgarnitur kaufen."

Inzwischen ist Siegfried Motsch natürlich längst Rentner. „Aber wenn es etwas Richtiges zu tun gibt, bin ich immer noch scharf drauf." Seine Werkstatt hat er im Keller seines Hauses in Berlin-Müggelheim eingerichtet. Längs an der Wand steht die Werkbank. Dort hat er die Schablonen geschnitten, sie zurechtgefeilt und damit nach den Architektenplänen, die auf einen Zehntel-, einen Hundertstelmillimeter genau sind, die Profile gezogen. Die fertigen Gipsstücke lud Motsch in seinen Pkw und brachte sie in die Werkstatt von Andreas Hoferick.

Am neuen Schloss mitzubauen ist für Motsch das Größte. Die Innenausstattung mit dem prachtvollen Deckenstuck wäre sein Traum gewesen. Aber von innen ist das Schloss als moderner Bau angelegt. „Mit dem Gesimse habe ich nun meinen Teil dazugegeben", sagt Motsch, „und das erfüllt mich mit Stolz." Schön wäre, wenn er die Fertigstellung des Schlosses noch erleben würde: „Die müssen sich ein bisschen beeilen."

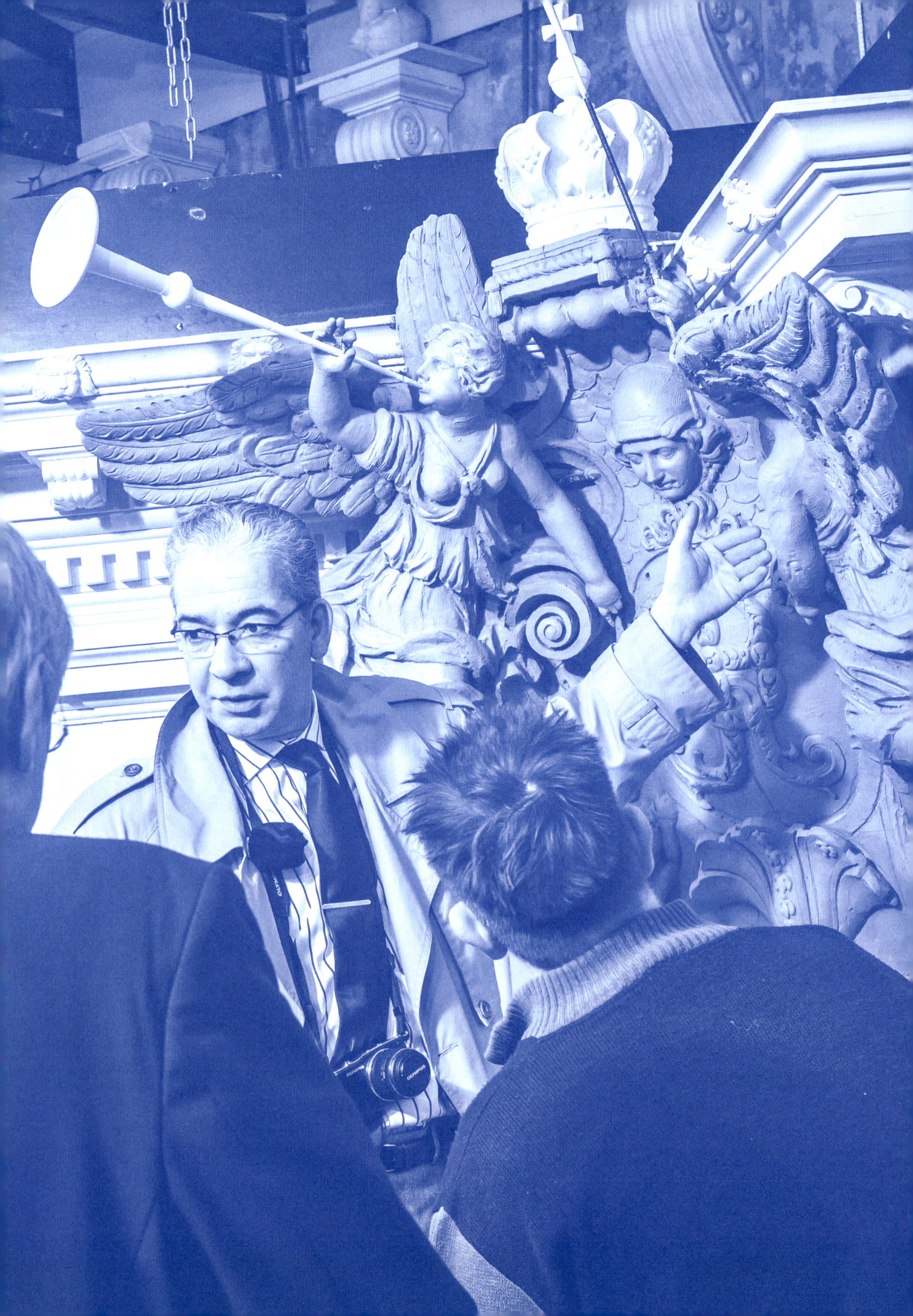

2

51

DIE EXPERTEN-KOMMISSION

Berlin
2012–2016

Das Tonmodell 1:3 ist nicht ohne ihre Begutachtung zu denken: Die 4- bis 5-köpfige Expertenkommission der Stiftung Humboldt Forum begleitet seit zehn Jahren die Rekonstruktion des Berliner Schlosses. Sie ist dabei, wenn Aufträge vergeben werden, und begleitet deren Umsetzung: Erst erfolgt die Ausschreibung, dann reichen die Künstler Referenzen ein, manchmal sogar ein Probestück, das die Experten dann begutachten.

Die Expertenkommission beurteilt ebenso die laufenden Arbeiten zur Rekonstruktion, sie nimmt in Abständen Arbeitsergebnisse ab, mischt sich ein, ergänzt und verwirft auch mal bereits ausgeführte Vorhaben. Denn: 22 Augen sehen mehr als zwei, die können leicht manches übersehen oder falsch interpretieren. In der gemeinsamen Auseinandersetzung und Diskussion wird das Für und Wider bestimmter Entscheidungen abgewogen, man findet zu einer gemeinsamen Haltung. Nuancen und auch Fehler werden schneller erkannt und thematisiert.

Das bedeutet auch mal, dass ein Bildhauer seine bisherige Arbeit zähneknirschend verwerfen und noch einmal neu ansetzen muss. Aber alles dient dem höheren Ziel: eine Rekonstruktion, die in sich stimmig ist und den Geist des Barocks neu schöpft.

Besuch der Expertenkommission in der Werkstatt, Fritz-Eugen Keller
diskutiert mit den anderen Fachleuten das Tonmodell 1:3.

DIE EXPERTENKOMMISSION

55

Mitglied der Expertenkommission
BERND WOLFGANG LINDEMANN

„Ich war schon immer ein Verfechter des Wiederaufbaus"

Professor Dr. Bernd Wolfgang Lindemann vertritt die Stiftung Preußischer Kulturbesitz in der Expertenkommission. Er ist Kunsthistoriker und war bis zum Sommer 2016 Direktor der Gemäldegalerie, der Skulpturensammlung und des Museums für Byzantinische Kunst in Berlin.

Herr Professor Lindemann, wie kommt es, dass Sie in der Kommission mitarbeiten?

Ich war schon immer ein Verfechter des Wiederaufbaus. Im Stadtbild von Berlin fehlte ausgerechnet das Gesicht. Was macht man? Weglassen? Oder nachzeichnen? Bei Gemälden sagen wir heute: Um das Bild zu retten, versuchen wir das Gesicht wiederherzustellen. So eine Retusche ist auch das neue Schloss.

Was leistet die Expertenkommission?

Wir sind dabei, wenn die Aufträge vergeben werden. Die Lose werden ausgeschrieben. Künstler reichen Referenzen ein, manchmal verlangen wir sogar ein Probestück. Deutsches oder europäisches Vergaberecht ist ein Buch, so dick wie die Bibel. Aber das Können, das hier verlangt wird, ist gar nicht so leicht zu finden. Es ist kein Zufall, dass die meisten dieser Künstler ihr Handwerk in der ehemaligen DDR gelernt haben. Leuten, die an westdeutschen Kunstakademien studiert haben, liegt diese Form der Arbeit eher fern.

Wie erklären Sie sich das?

Figürliche Kunst spielte in der DDR eine große Rolle, davon profitieren wir. Und die DDR-Akademien kultivierten auch traditionelle Produktionsweisen.

Wie hat sich die Expertenkommission da eingebracht?

Wir haben zum Beispiel angeregt, auf Gian Lorenzo Bernini zu schauen, den berühmten italienischen Architekten und Bildhauer des Barocks. Das Motiv der Bewegung wird in dessen Werk sehr schön deutlich. Bei unserem Stück ist es ähnlich: Die riesige Wappenkartusche wird von den Famen nach oben getragen und von den kleinen Putten geschoben. Man soll das Gefühl bekommen, der Schild werde just in diesem Moment, in dem man hinschaut, erst positioniert. In der Kirche Sant'Andrea al Quirinale in Rom kann man dieses Motiv der Bewegung bei den Engelsfiguren und anderen Stuckaturen wunderbar studieren. Andreas Hoferick hat sich dann ein Foto von Berninis Arbeit besorgt. Es kommt nicht nur darauf an, Oberflächen nachzumachen, sondern man muss wirklich begreifen, wie Barock funktioniert.

Hat man auch im Barock schon Modelle geschaffen, wie sie hier im Maßstab 1:6, 1:3 und 1:1 in Ton und Gips entwickelt wurden?

Die Bildhauer damals haben sicher nicht mit 1:1-Modellen gearbeitet. Sie hatten kleine Modelle, die sie mit einem Gradnetz überzogen und aufs Große übertragen haben. Erst wenn es darum geht, eine Vorlage absolut getreu umzusetzen, braucht man ein 1:1-Modell. Diese Idee ist dem Barock aber völlig fremd. Dass sich zwischen einem kleinen Modell und einer ausgeführten Skulptur manches verschiebt, hat nicht nur niemanden irritiert, das wurde wahrscheinlich sogar als ein gewisser Reiz begriffen.

Was werden künftige Generationen in dem Schloss sehen?

Sie sehen mit Sicherheit mehr 21. Jahrhundert als wir heute. Das ist aber auch kein Schaden. Wenn fünfzig oder hundert Jahre zwischen einer Kopie und dem Objekt liegen, dann merken Sie viel stärker die Zeitgebundenheit. Deswegen wollen wir die Kopie so getreu wie irgend möglich herstellen lassen. Der Geist des Barocks soll eine Rolle spielen. Wir wollen aber die Gegenwart nicht völlig unterdrücken. Die Beteiligten sollen sich durchaus als Künstler verstehen, die eine barocke Form nachempfinden. Wichtig ist uns, dass die Menschen noch in hundert Jahren die Qualität dieser Nachempfindung anerkennen und sie im Idealfall als eine künstlerische Leistung des frühen 21. Jahrhunderts begreifen.

…und weniger als das Politikum, als das der Wiederaufbau so lange diskutiert worden ist?

Ordinarius Hans Kauffmann hat sich als einer der Ersten intensiv mit dem Barock in Berlin befasst. In einer seiner Vorlesungen an der Freien Universität ging es um das Berliner Schloss. Das war in den Fünfziger- oder Sechzigerjahren. „Hier stehen wir in dem Treppenhaus, hinter uns liegt der Schlüterhof. Und hier sind wir nun auf der Lustgartenseite und blicken auf die Fassade …" So ging das dann immer weiter.

Nach der Vorlesung kam ein Student zu ihm und sagte: „Herr Professor, darf ich Ihnen noch eine Frage stellen?" Kauffmann war dabei, seine Tasche zu packen, und ein bisschen unwirsch. „Ja, was ist denn?" Ganz zaghaft, damals war man ja noch höflich, sagte der Student. „Mir ist in Ihrer Vorlesung aufgefallen, dass Sie von diesem Schloss immer im Präsens gesprochen haben." Kauffmann: „Ja und?" „Ich wage ja kaum zu fragen, aber könnte es Ihnen entgangen sein, dass dieses Schloss nicht mehr steht?" Daraufhin hielt Kauffmann inne und sagte. „Junger Mann, glauben Sie, dass irgendetwas, was dieser Ulbricht veranlasst, für mich auch nur die geringste Bedeutung hat?"

Wenn man das Schloss jetzt wieder hinstellt, bekommen der Platz und damit auch die Stadt an dieser Stelle wieder ein Gesicht. Die Beteiligten sind mit Feuereifer dabei. Man baut schließlich auch nur einmal in seinem Leben so ein Schloss.

Mitglied der Expertenkommission
FRITZ-EUGEN KELLER

„Man muss sich intellektuell klarmachen, wie das Stück geschaffen ist"

Fritz-Eugen Keller ist Kunsthistoriker und vertritt die Humboldt-Universität zu Berlin in der Expertenkommission, die die Rekonstruktion der Schlossfassade begleitet. Er war von 1993 bis 2006 Leiter der berühmten Bibliotheca Hertziana – Max-Planck-Institut für Kunstgeschichte in Rom. Seit seiner Rückkehr nach Berlin hält Fritz-Eugen Keller gelegentlich Vorlesungen an der Humboldt-Universität und publiziert Aufsätze zur Kunstgeschichte.

Herr Dr. Keller, Sie forschen schon lange zum Berliner Schloss. Wie kam das?

1976 sprach mich die Kunsthistorikerin Margarete Kühn an. Sie plante eine Monografie und wollte alles, was wir über das Schloss wissen, dokumentieren. Mich interessierte, was der Baumeister Andreas Schlüter zum Schloss beigetragen hat.

Sie hatten damals schon im Hinterkopf, dass man das Schloss wiederaufbauen könnte?

Ich selbst war immer dagegen. Meine Position war: Das ist weg und kommt nicht wieder …

… und nun arbeiten Sie trotzdem daran mit?

Aus gutem Grund. Da nun mal das Schloss wiederaufgebaut wird, muss es gut werden. Das darf man nicht schlampig machen.

Sie sind Kunsthistoriker. Können Sie uns die Eckkartusche erklären?

Eine Kartusche ist ein Zierrahmen. Sie umrahmt hier einen Schild und wird von Putten und Famen, den Ruhmesverkünderinnen, gehalten. Diese fliegen heran und erzeugen die Illusion, sie würden das Monogramm des Königs vom Himmel her zum Schloss tragen. Das soll möglichst spielerisch wirken und Material und Gewicht vergessen lassen.

Die geflügelten Wesen sind also keine Engel?

Nein, denn wir bewegen uns hier nicht im christlichen Kontext. Famen haben eine lange Tradition als Bauschmuck an römischen Triumphbögen.

Und was sind Putten?

Ein Putto ist im Italienischen einfach ein kleines Kind. Die Putten schieben die

Kartusche und helfen, sie gerade zu rücken. Es geht darum, den Namen des Königs – FR steht für Fridericus Rex – am Schloss anzubringen und den Ruhm Friedrichs I., König in Preußen, zu verkünden. Er hatte sich 1701 selbst gekrönt und hatte Andreas Schlüter mit dem Umbau der Residenz in ein Königsschloss beauftragt.

Die Initialen sind so etwas wie sein Logo?

Ja, wir finden sie überall im Schloss: an den Kartuschen, unter den Decken, manchmal waren sie in allen vier Ecken und dann noch mal in der Mitte eines Raumes angebracht.

Was wissen Kunsthistoriker über die Entstehung dieses Werkes?

Wenig. Wir wissen weder, wer es entworfen hat, noch wer es ausgeführt hat. Die Dinge sind an dieser Stelle besonders kompliziert. Das Schloss entworfen hat Andreas Schlüter. Aber er fiel in Ungnade, weil der von ihm geplante Münzturm 1706 ins Wanken geriet und abgetragen werden musste. Schlüter wurde als Schlossbaumeister entlassen. Johann Friedrich Eosander von Göthe übernahm. Schlüter blieb aber Hofbildhauer, die Werkstatt arbeitete weiterhin unter seiner Ägide. Unklar ist: Durfte er nach wie vor entwerfen? Oder musste er jetzt mit seinen Gehilfen ausführen, was andere entworfen hatten? Und wer sind die anderen? Sein Nachfolger Eosander?

Da kommt also ein neuer Mann und macht sein Ding?

Eosander spricht als Architekt eine andere Sprache. Er baut andere Fenster, andere Profile. Die Eckkartusche befindet sich auf der dem Lustgarten zugewandten Nordseite des Schlosses an einer Stelle, wo das Architektursystem von Schlüter auf das Eosanders trifft. Sie überspielt die gestalterischen Brüche zwischen dem alten und dem neuen System.

Was spricht dafür, dass Schlüter die Eckkartusche entworfen hat?

Schlüter war bekannt für seine Wappenkartuschen, zum Beispiel die am Krasiński-Palais in Warschau. Für das Berliner Schloss hat er die beiden Kartuschen im Schlüterhof und auch die große Adlerkartusche über Portal V im Schlüterhof entworfen. Aber bei der Eckkartusche ist unklar, ob sie auf ihn zurückgeht. Schlüter hätte es wahrscheinlich widerstrebt, die Komposition zu verbiegen und in die Ecke zu quetschen. Dennoch kann es sein, dass die Mitarbeiter in seiner Werkstatt auch diesen Entwurf haben ausführen müssen.

Warum gibt es kaum Dokumente?

Erstens, weil Schlüter rausgeflogen ist. Und zweitens, weil sich nach dem Tod von König Friedrich I. kaum noch jemand um die künstlerischen Belange gekümmert hat. Eosander hatte den Schlüssel zur Plankammer, und man vermutet, dass er einen Großteil der Pläne mitgenommen hat, als er 1722 nach Sachsen zog. Den Rest hat Friedrich der Große während des Ersten Schlesischen Krieges ab 1740 verloren.

Der König nahm die Pläne mit in den Krieg?

Er fühlte sich als Bauherr und wollte sich auch unterwegs um das Bauwesen kümmern.

Er arbeitete also von unterwegs, so wie wir heute unseren Laptop überall hin mitnehmen…

Wie arbeiten Sie in der Expertenkommission?

Es reicht nicht, hinzugucken und etwas schön zu finden. Man muss sich intellektuell klarmachen, wie das Stück geschaffen ist und welche Details es aufweist. Erst dann kann ich eins vom anderen wirklich unterscheiden.

Gemeinsam versteht man das Werk besser?

Einer allein hat seine eigene Sicht der Dinge und macht das auch, so gut er kann. Aber er wird dabei manches übersehen oder falsch interpretieren. Wenn mehrere das Werk aufmerksam betrachten, sehen sie die Fehler relativ schnell und können darüber miteinander reden. Aus dieser Diskussion heraus kommt man dann zu einer gemeinsamen Haltung und versucht, sie dem Steinbildhauer nahezubringen.

Das ist vermutlich nicht immer ganz einfach, oder?

In ein oder zwei Fällen haben wir Entwürfe auch gänzlich verworfen. Da waren die Arbeiten schon weit fortgeschritten, als wir zur Zwischenabnahme kamen und sahen, dass etwas falsch war. Das ließ sich nicht verbessern. Der Bildhauer musste das ganze Stück neu aufbauen. Erst hat er geflucht, aber er hat es getan. Das ist dann wunderschön geworden, wir sind hochzufrieden. Und er selbst auch.

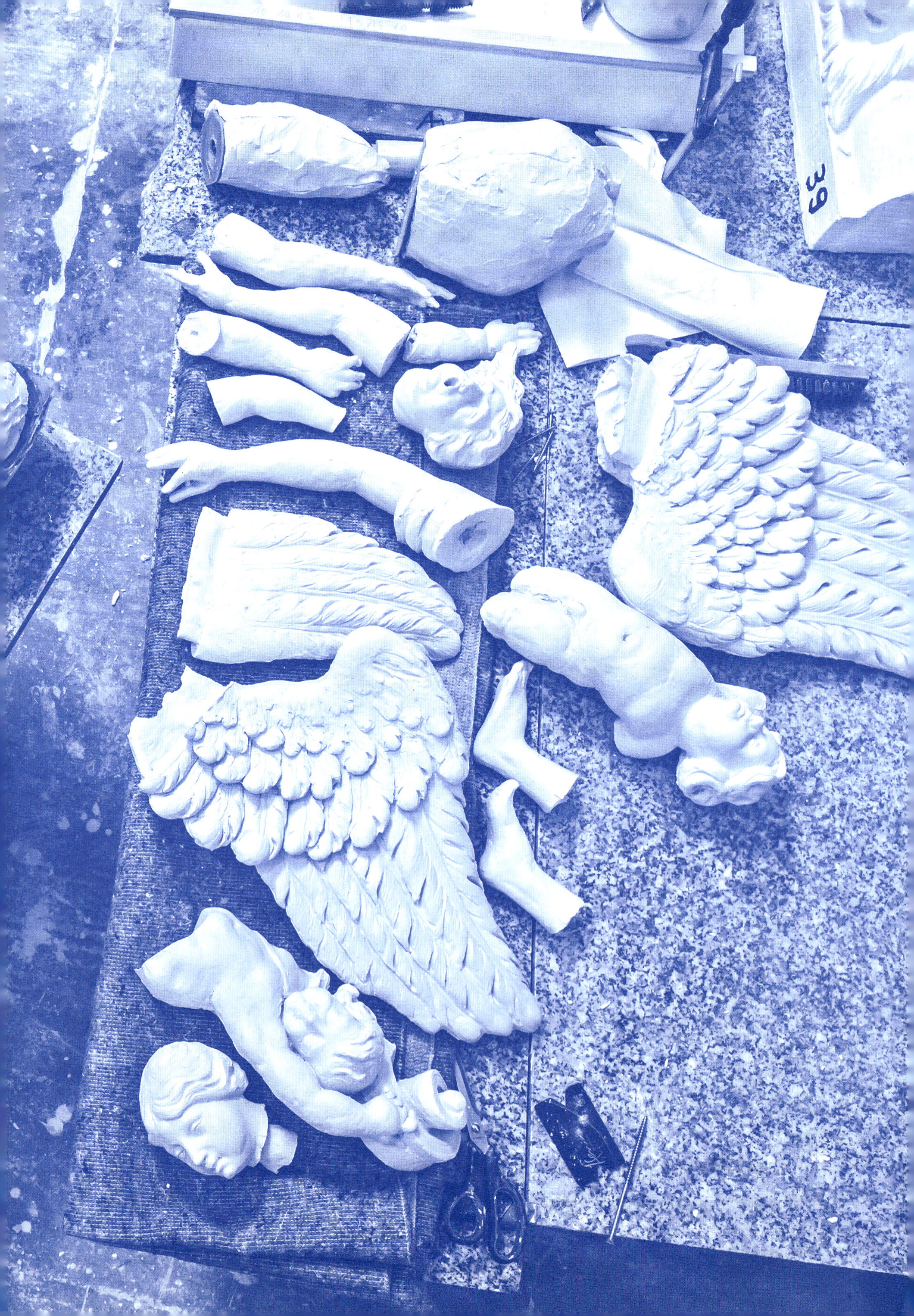

3

63

DIE GIPS-ABFORMUNG

Werkstatt Andreas Artur Hoferick, Berlin
Februar 2013 – April 2013

Das Tonmodell der Eckkartusche im Maßstab 1:3 ist jetzt in verschiedenen Schichten mit knallgrünem, rotem und gelbem Silikon bestrichen. Vorstehende Teile wie Köpfe oder Gliedmaßen wurden zuvor abgenommen und separat mit Silikonmasse bepinselt. In den nächsten Tagen werden Gipskappen um die Silikonschicht gebaut. Sie stabilisieren die Silikongussform. Sobald das Material getrocknet ist, werden zunächst die Gipskappen, dann die Silikonformen abgelöst. Die herausgelösten Tonteile werden gesammelt, um den Ton wiederverwenden zu können. Das Silikon ist so flexibel, dass jede Feder, jede noch so zarte Zeichnung der Oberfläche darin eingeschrieben ist.

Die Männer gießen die Formen nun mit Gips aus. Wenn er ausgehärtet ist, werden die Gussformen abgenommen und die Stücke nachbearbeitet. Bald liegen überall in der Werkstatt Gliedmaßen aus Gips. Hoferick und seine Mitarbeiter setzen alle Teile zusammen – wie bei einem 3D-Puzzle. Die Eckkartusche wird als Ganzes erlebbar.

Doch sie ist zu groß, als dass man sie aus einem Stück in Stein hauen könnte. Mit einem Lasergerät haben die Männer zuvor rote Linien auf das Modell projiziert, um zu prüfen, wo Schnitte möglich sind, ohne das Gesamtbild zu stören. Mitten durch den Wappenschild? Quer durch den Kopf einer Putte? Sie diskutieren viel in der Werkstatt. Mit einer eigens für diesen Zweck entwickelten Gipssäge mit zwei Handgriffen teilen die Männer das Gipsmodell in kompakte Bauteile aus Skulptur und Gewändestein. Ab jetzt gibt es kein Ganzes mehr, sondern 13 Blöcke und sechs Ansatzteile.

DIE GIPSABFORMUNG

1–2 Zerlegung des Tonmodells 1:3 in abformbare
 Teile und Lagerung

DIE GIPSABFORMUNG

67

3–5 Aufspachteln des Abformsilikons

1–7 Herstellung einer Silikonform mit Gipskappe vom Tonmodell für einen Puttenflügel

DIE GIPSABFORMUNG

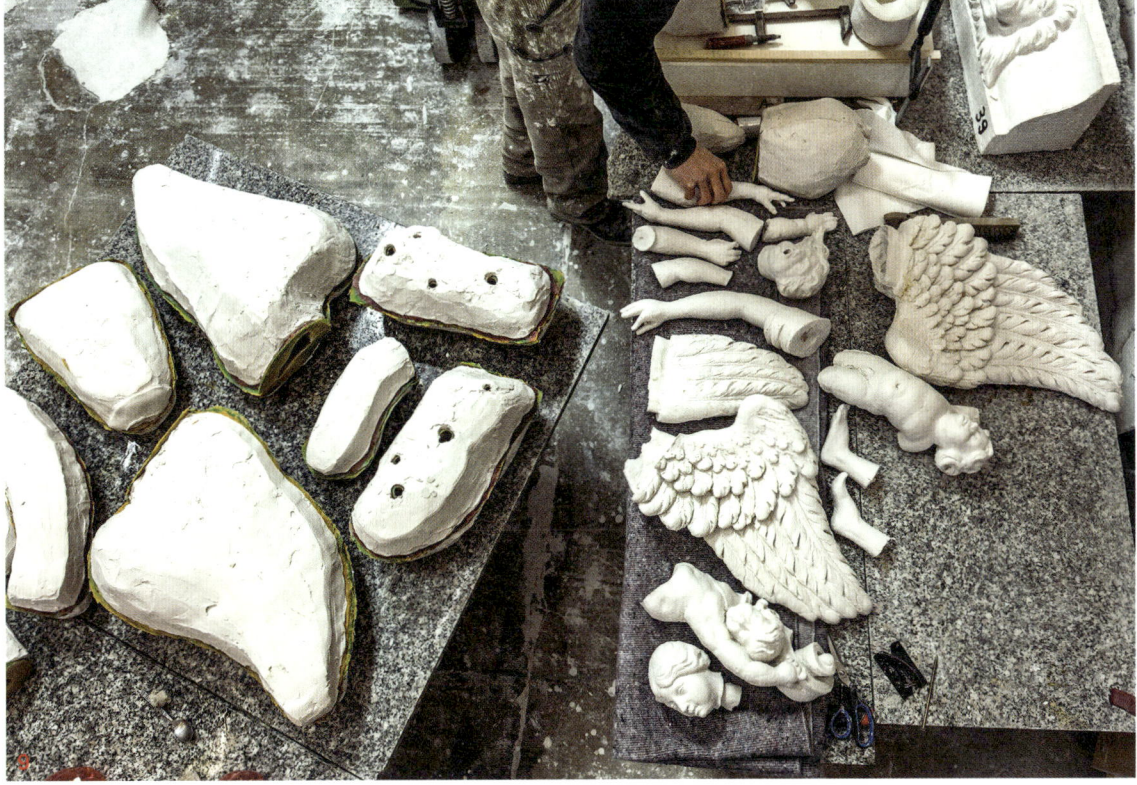

8   Reinigen der Silikonform von Tonresten

9   Der Gips in den Silikonkappen während der Aushärtung, rechts daneben fertige Einzelteile

DIE GIPSABFORMUNG

70

Das mit Silikon gespachtelte Tonmodell 1:3

DIE GIPSABFORMUNG

71

1 Herstellen der Gipskappen auf der Silikonschicht 2–4 Abtrennung der Gipsform und anschließend Abnehmen der Silikonform vom Tonmodell

DIE GIPSABFORMUNG

73

DIE GIPSABFORMUNG

Das Bildhauer-Team mit großer Silikonkappe in der Werkstatt von Andreas Hoferick

DIE GIPSABFORMUNG

75

DIE GIPSABFORMUNG

76

1–3 Die Silikonform des Wappenschildes wird mit Gips ausgegossen.

4 Der Rohguss aus der Silikonform in seinen
Einzelteilen vor der Montage

DIE GIPSABFORMUNG

77

DIE GIPSABFORMUNG

1 Foto des Gipsmodells mit eingezeichneten Fugenschnitten

2–6 Zusammensetzen des Rohgusses zu einem Gipsmodell 1:3, anschließend Auseinandertrennen in den Maßen der zukünftigen Fugenschnitte

DIE GIPSABFORMUNG

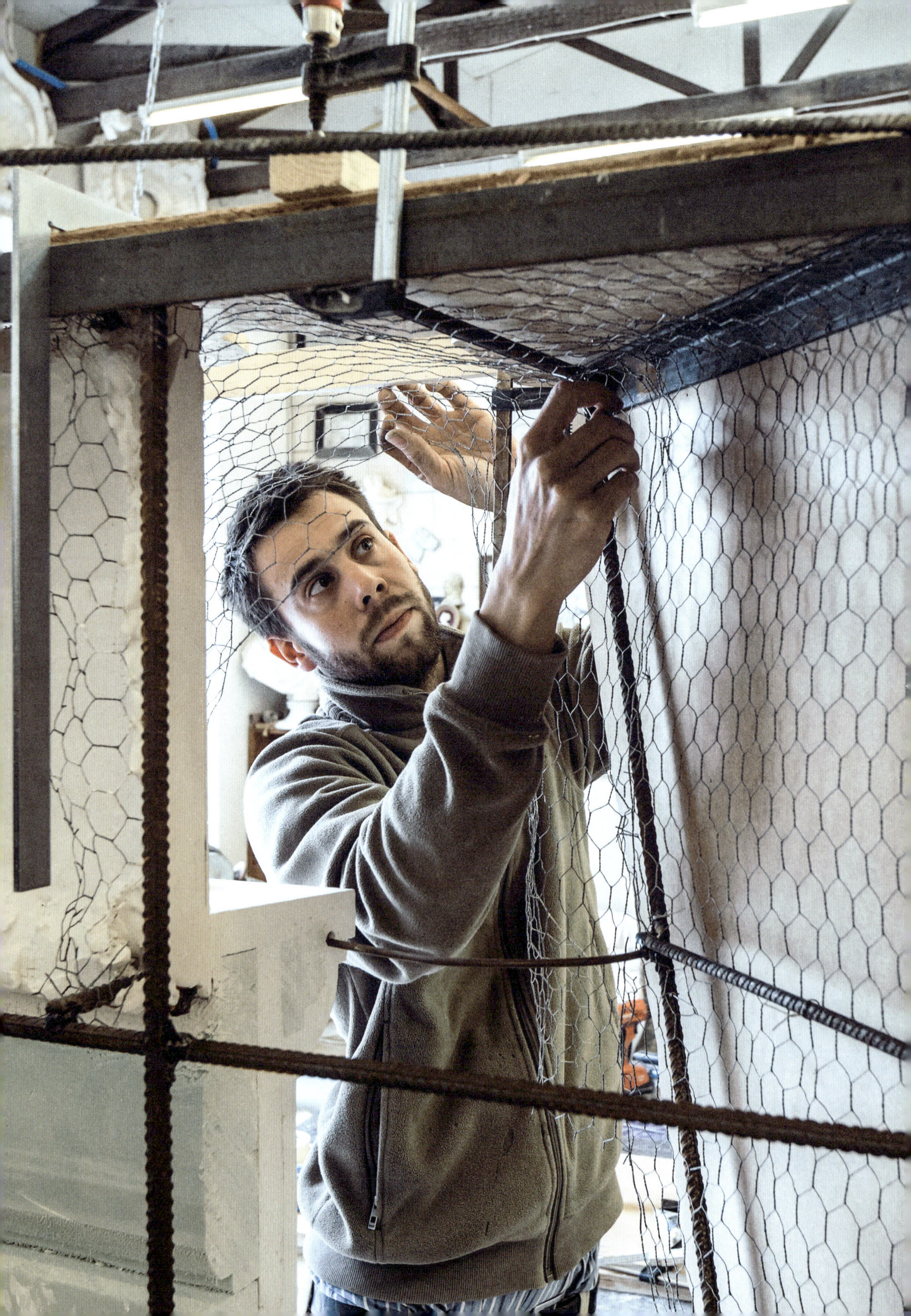

Bildhauer
JAKOB DIERICHS

Ein Berufsanfänger, der sich richtig reinkniet

Es war die dritte Dimension, die Jakob Dierichs zu seiner Arbeit in der Steinbildhauer-Werkstatt geführt hat. Ursprünglich wollte er Bühnenmaler werden, entdeckte dann aber die Plastik für sich, das Formen und Modellieren. Er suchte eine passende Ausbildung. Und hatte Glück. Denn just zu dieser Zeit waren Leute wie er sehr gefragt.

Es war klar, dass man ein Großprojekt wie die Rekonstruktion der historischen Fassaden vom Berliner Schloss nur dann erfolgreich meistern kann, wenn man genügend gute Leute hat. 2007 ging deshalb an der Knobelsdorff-Schule in Berlin-Spandau ein Pilotprojekt an den Start: Eine Berufsfachschule sollte zusammen mit der Innung junge Steinmetze, -bildhauer und -restauratoren ausbilden. Im ersten Jahr wurden 17 Azubis aufgenommen, im zweiten schon 28. Jakob bewarb sich. „Ich wusste, was ich will." Nach der Ausbildung engagierte Andreas Hoferick ihn vom Fleck weg.

Der Auftrag für die Eckkartusche lag damals noch in weiter Ferne. Zunächst einmal sollten sie einen Bozzetto im Maßstab 1:6 einreichen. „Es sollte eigentlich eine Skizze sein, die unser Können zeigt und wie wir die Skulptur nachempfinden", erinnert sich Jakob. Als Vorlage dienten Fotos und Pläne, die ins Räumliche übersetzt werden mussten. Eine schwierige Aufgabe und riskant. Denn es hieß, viel Zeit und Energie in eine Bewerbung mit offenem Ausgang zu investieren.

„Aber wir dachten: Was Besseres kann uns gar nicht passieren, als uns für eine große und ziemlich schöne Sache zu bewerben, davon können wir alle nur profitieren." Dierichs und seine Kollegen haben sich reingekniet. „Deswegen haben wir den Auftrag damals wahrscheinlich auch bekommen."

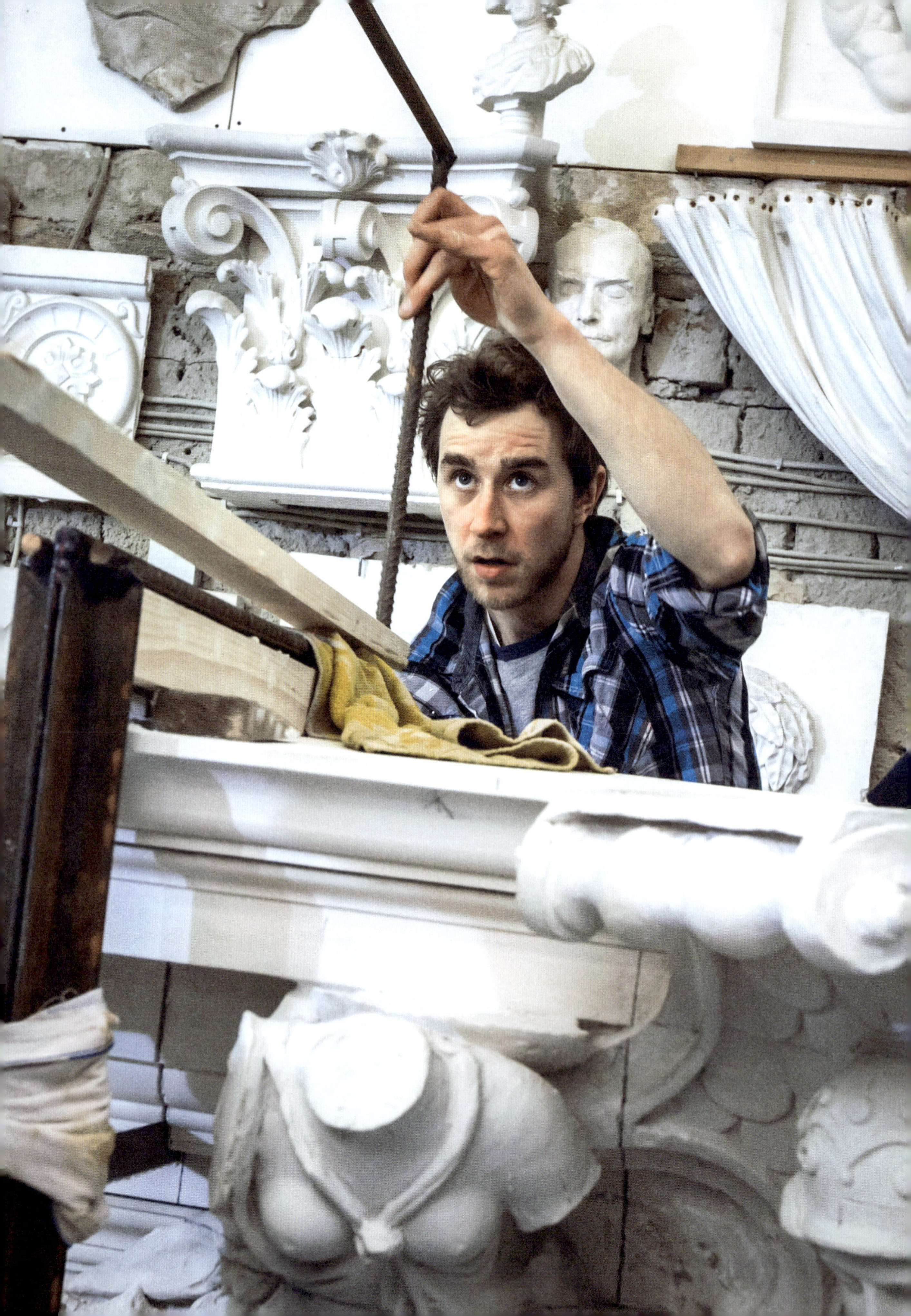

Bildhauer
JAKE OAKLEY

Ein reisender Bildhauer auf der Suche nach der nächsten Herausforderung

Jake Oakley ist der Weltenbummler in dem Team. Er war in Australien, als er die Werkstatt Hoferick entdeckte, beim Surfen im Internet. „Ich dachte, ich geh mal hin und gucke, was Hoferick zu tun hat", erzählt er. Gesagt, getan. Er buchte einen Flug und wurde genommen.

Oakley ist in England aufgewachsen, hat Kunst studiert und dann am Bodensee eine Lehre als Steinmetz und Steinbildhauer gemacht. Danach wollte er erst einmal weit weg. Und weil er beim Europäischen Stein-Festival in Freiburg einen Berufskollegen aus Bali kennengelernt hatte, mit dem er sich gut verstand, dachte er: „Ey, wenn ich die Möglichkeit habe, dann gehe ich nach Bali." Die nächste Station war Australien. Dann Berlin.

Die erste Aufgabe, die Andreas Hoferick ihm gab, war der Kopf eines grinsenden Löwen. Beim Modellieren war für Oakley vieles neu, die Lernkurve stieg stetig an. Wenn er erzählt, ahnt man, was für ein Abenteuer die Kartusche war: Jeder Einzelne aus dem Team betrat Neuland. „Ich bin ein Stein-Mann", sagt Jake über sich. „Wer will schweißen?", fragte der Chef.

Jake meldete sich, er scheute sich nicht vor dem unbekannten Material. Er lernte, die Stahlrahmen zu schweißen, die die Rückseite des Modells verstärkten. Ein Profischweißer kontrollierte, ob sie auch stabil waren. „Das ging dann einwandfrei."

Anfangs hatte niemand eine Vorstellung von dem, was kommen würde. Als sie das Tonmodell im Maßstab 1:3 formten, war die Arbeit noch überschaubar. Beim Modell im Maßstab 1:1 modellierte jeder an einem eigenen Werkteil aus Ton, manche davon mannshoch. Die Werkstatt war zu klein, um die Kartusche als Ganzes darin aufzubauen. Sie überdachten den Hof und bauten dort einen Stahlrahmen. Die Ausmaße dieses „Aquariums", wie sie es nannten, waren überwältigend. In diesem Rahmen setzten sie das Puzzle zusammen. Die Putten fanden ihren Platz, das Wappen, die geflügelten Famen, und über allem die Krone. Sie sahen, dass sie eine ziemlich gute Arbeit geleistet hatten. „Und dann sitzt man da, nach Feierabend, trinkt ein Bier mit den Kollegen, sieht nun das Ganze und denkt: Boah, das wird riesig."

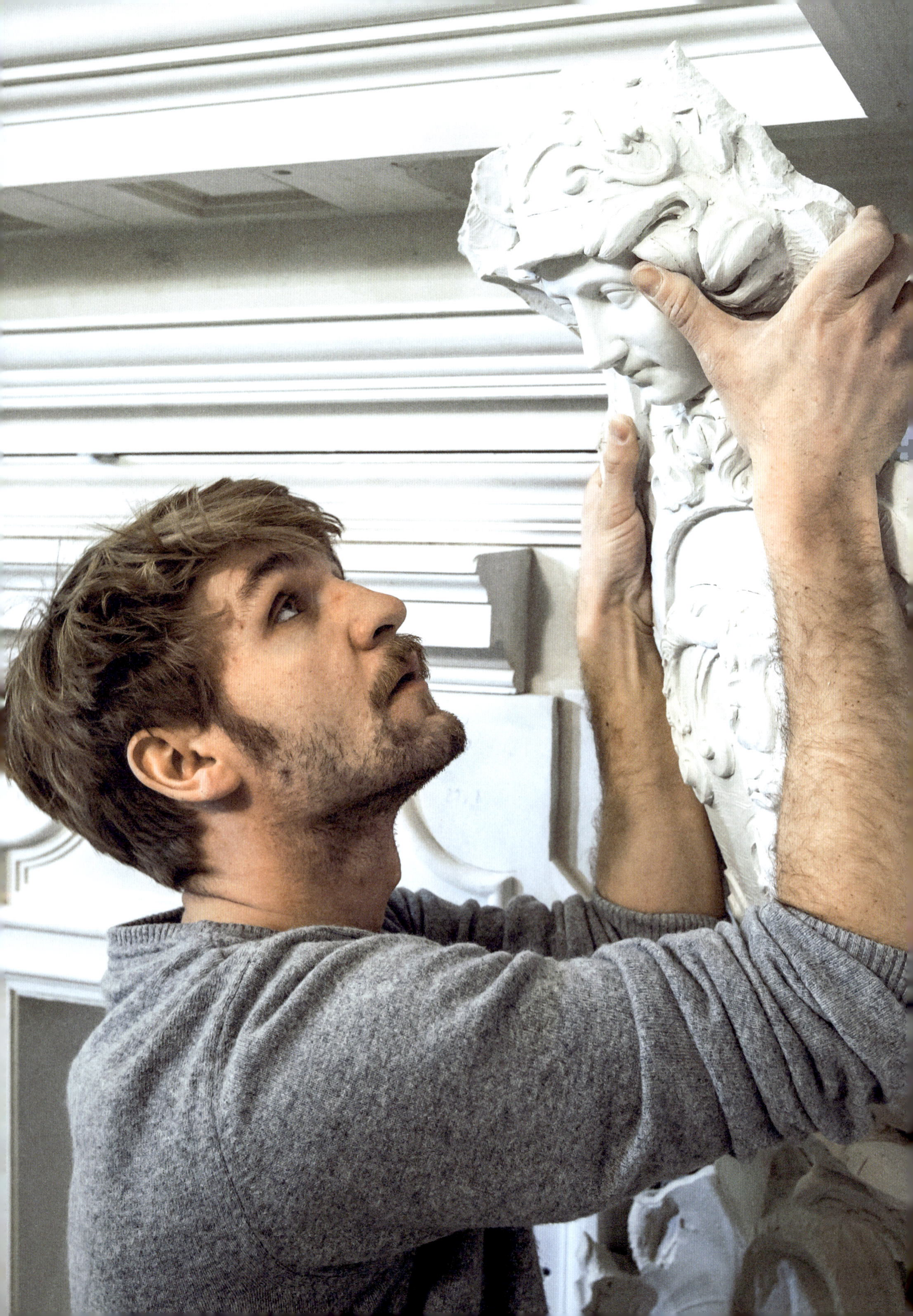

Bildhauer
TILL DEUMELANDT

Unermüdlich an der Schnittstelle von Handwerk und historischem Wissen

Kein Tag war wie der andere. Immer wieder musste Neues erdacht werden, für das es bislang keine Beispiele gab. Und das Denken ist seine Spezialität: Till Deumelandt hat in Tübingen Geschichte und Rhetorik studiert, bevor er seine Ausbildung als Steinbildhauer begann. Ein radikaler Wechsel, könnte man meinen. Deumelandt sagt: „Nein." Seine Steckenpferde sind Kunst, Geschichte und Handwerk. „Wer Kunst ausüben will, muss erst das Metier beherrschen, sonst macht das keinen Sinn." Die Bildhauerwerkstatt ist für ihn der Ort, wo sich Kunst und Handwerk treffen. Und auch das historische Wissen ist von Bedeutung, denn hier gibt es keine Kundschaft im üblichen Sinne. Deumelandts Ansprechpartner sind Fachleute, oftmals Professoren.

„Ich bin aufgegangen in diesem Projekt", erzählt Deumelandt. Oft ging er dabei über seine Grenzen. Hat kein Ende gefunden. Immer weiter probiert. „Das sind ja gerade im kreativen Bereich Prozesse, die nicht auf Knopfdruck funktionieren. Manchmal wäre es sicher sinnvoller gewesen, einfach Schluss zu machen, zu schlafen und mit frischem Kopf am nächsten Morgen wieder anzufangen. Aber ich habe einfach immer weiter probiert, in der Hoffnung, dass es irgendwann klappt."

Er hat sich abgearbeitet an diesem Stück. Manchmal hat die Eckkartusche ihn fast schon erdrückt. So hoch war sie. So auskragend mit den weit in den Raum hineinragenden Figuren. „Und sie wurde und wurde nicht fertig – nicht weil man langsam ist, sondern weil das einfach Zeit braucht." Er lacht wild, als er von der Endphase dieses Projekts erzählt: „Als die Kartusche dann weg war, wurde der Kopf schlagartig wieder frei."

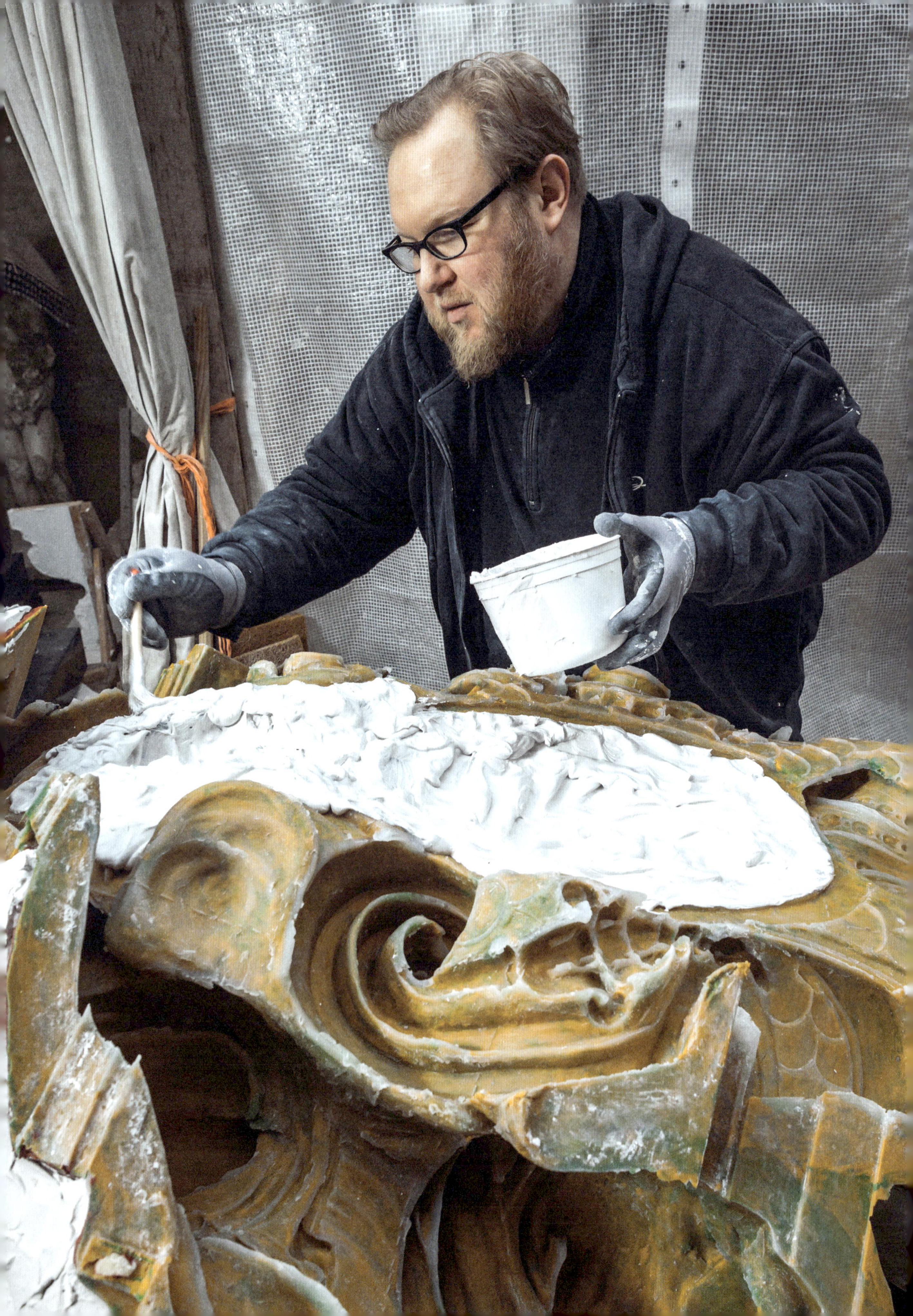

Bildhauer
THILO REINHARDT

Ein barocker Augenmensch

Mit Vergnügen hat Thilo Reinhardt sich in die Ästhetik der Eckkartusche eingefühlt. Fragt man ihn, ob er der üppigen Leibesfülle der Putten nicht überdrüssig wurde, verneint er. Das Ideal von heute sei nicht das, was er persönlich als schön empfinde. Was er mag? „Eher die runden Frauen als die schlanken." Er lacht. „Die Geschmäcker sind eben verschieden."

Die barocke Ästhetik zu verinnerlichen, war unabdingbar für die Arbeit am Modell. Sogar beim Vergrößern, das zunächst wie eine reine Rechenaufgabe erscheint. Reinhardt nimmt Maß. Drei Punkte sind fix, von da aus misst er mit einem Zirkel den Abstand zu anderen Punkten, multipliziert mit drei und erhält den Maßstab 1:1.

Doch mit Rechenkünsten allein ist es nicht getan. Zum einen, weil es viel zu aufwendig wäre. Zum anderen fügt sich die Ästhetik nicht den Gesetzen der Mathematik. Vieles ist Augenmaß, und wichtiger als jedes noch so genaue Detailmaß sind Proportionen. Manchmal mussten Thilo Reinhardt und seine Kollegen die Maße korrigieren, weil nach dem Vergrößern die Gewichtungen nicht mehr stimmten. Ein Puttenkopf zum Beispiel wirkte im Maßstab 1:1 wuchtig, obwohl er am kleinen Bozzetto stimmig erschien. „So ein Kopf ist wie ein Ball", sagt Thilo Reinhardt. „Er ist rund und pausbäckig. Das macht den Barock aus." Doch maßstabsgerecht wirkten die aufgepolsterten Formen plump. Statt die Oberfläche zu beleben, störten sie das Auge. Um dies korrigieren zu können, musste er sich auf den Barock einlassen können.

Gern hätte Thilo Reinhardt die Eckkartusche auch in Stein gehauen. „Stein ist mein Metier", sagt er. Aber es kam anders. Der Auftrag ging an die Werkstatt von Sven Schubert in Dresden. Also musste das Modell in jeder Hinsicht aussagekräftig sein. In der Werkstatt Schubert sollte man ja erkennen können, worauf es bei der Ausführung in Sandstein ankommt. Das ging bis hin zum Duktus.

„Im Barock hätten die Künstler mehr dem Zufall überlassen", vermutet Thilo Reinhardt. Aber: Die Alten waren auch näher dran. „Sie lebten im Barock, das hat es einfacher gemacht."

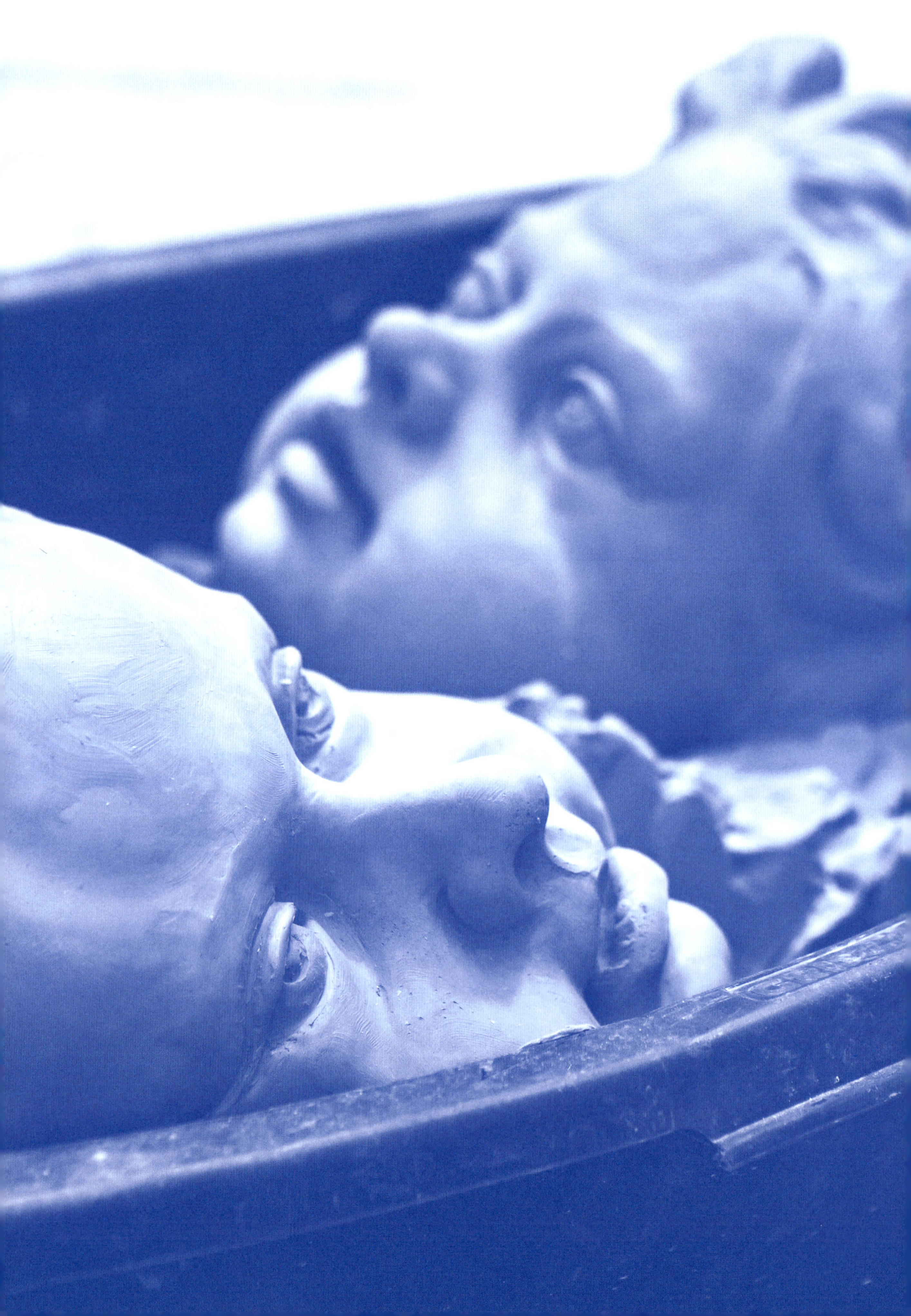

4

89

DAS MODELL IN ORIGINALGRÖSSE

Werkstatt Andreas Artur Hoferick, Berlin
Mai 2013 – März 2014

Das Tonmodell in Originalgröße entsteht. Die Männer schweißen einen Stahlrahmen und bereiten ihn für den Gipsauftrag vor. Die Eckkartusche selbst wird zunächst in Ton modelliert. Mit einem Zirkel nehmen die Steinbildhauer am 1:3-Modell Maß, rechnen hoch und übertragen die Maße auf das 1:1-Modell. Beim Modellieren in Ton orientieren sie sich auch an historischen Vorlagen der Eckkartusche und an Fotografien von anderen plastischen Werken des Barocks.

Andreas Hofericks Werkstatt ist nicht groß genug für diese Dimensionen. Er lässt den Innenhof überdachen. Der Stahlrahmen, der die Eckkartusche stabilisiert, reicht bis zur Regenrinne. Die fertigen Blöcke werden nun aufeinander gestapelt, die oberen Teile für den Transport in die Höhe vorbereitet. Zu ihnen gehört auch der Wappenblock, der mit Flaschenzügen in den Rahmen gehängt wird.

Um Details am Tonmodell bearbeiten zu können, nehmen Andreas Hoferick und seine Mitarbeiter auf einer Arbeitsbühne Platz. Mit großen Planen verhängen sie jene Partien, an denen sie nicht arbeiten, damit sie nicht austrocknen. Nach letzten Korrekturen überformen sie das Modell Segment für Segment mit Silikon-Gips-Kappen. Die Silikonformen werden mit Gips befüllt und später wieder abgezogen. So entstehen die Gipsblöcke, die nun ihrerseits im Hof aufgebaut werden. Die Männer arbeiten oft bis spätabends, das Projekt bekommt eine eigene Dynamik. Im März 2014 nimmt die Expertenkommission das Modell ab.

DAS MODELL IN ORIGINALGRÖSSE

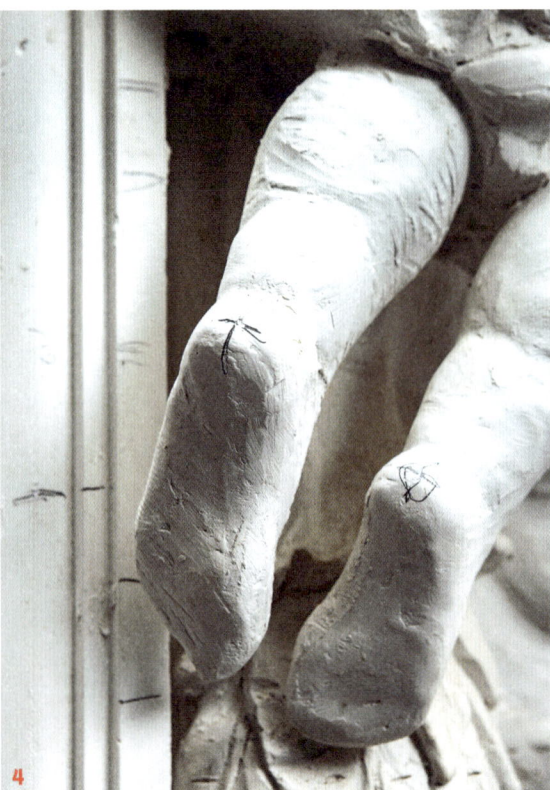

1–2 Die Stahlrahmen für die Blöcke 1:1 werden für den Gipsauftrag vorbereitet.

3–4 Am Modell 1:3 einer Putte wird mit dem Zirkel das Maß genommen und am Gipsmodell 1:1 verdreifacht.

DAS MODELL IN ORIGINALGRÖSSE

93

5–7 Modellierarbeiten am Tonmodell 1:1

DAS MODELL IN ORIGINALGRÖSSE

1–2 Kopien historischer Fotos zur Überprüfung am
  Tonmodell 1:1

DAS MODELL IN ORIGINALGRÖSSE

DAS MODELL IN ORIGINALGRÖSSE

96

Bildmaterial barocker Putten dient der Inspiration.

DAS MODELL IN ORIGINALGRÖSSE

DAS MODELL IN ORIGINALGRÖSSE

98

1–2 Der Wappenblock wird präpariert, um mit Flaschenzügen in den Stahlrahmen gezogen zu werden.

3–10 Herstellung einer Silikonkappe von einem Puttenkopf zur Gipsabformung

DAS MODELL IN ORIGINALGRÖSSE

99

DAS MODELL IN ORIGINALGRÖSSE

100

1–3 Anbringung eines Gipsflügels

101

DAS MODELL IN ORIGINALGRÖSSE

DAS MODELL IN ORIGINALGRÖSSE

102

1 Das fertige Gipsmodell: Vor dem Besuch der Expertenkommission wird ausgefegt.

DAS MODELL IN ORIGINALGRÖSSE

103

2 Mitglieder der Expertenkommission begutachten das Gipsmodell 1:1.

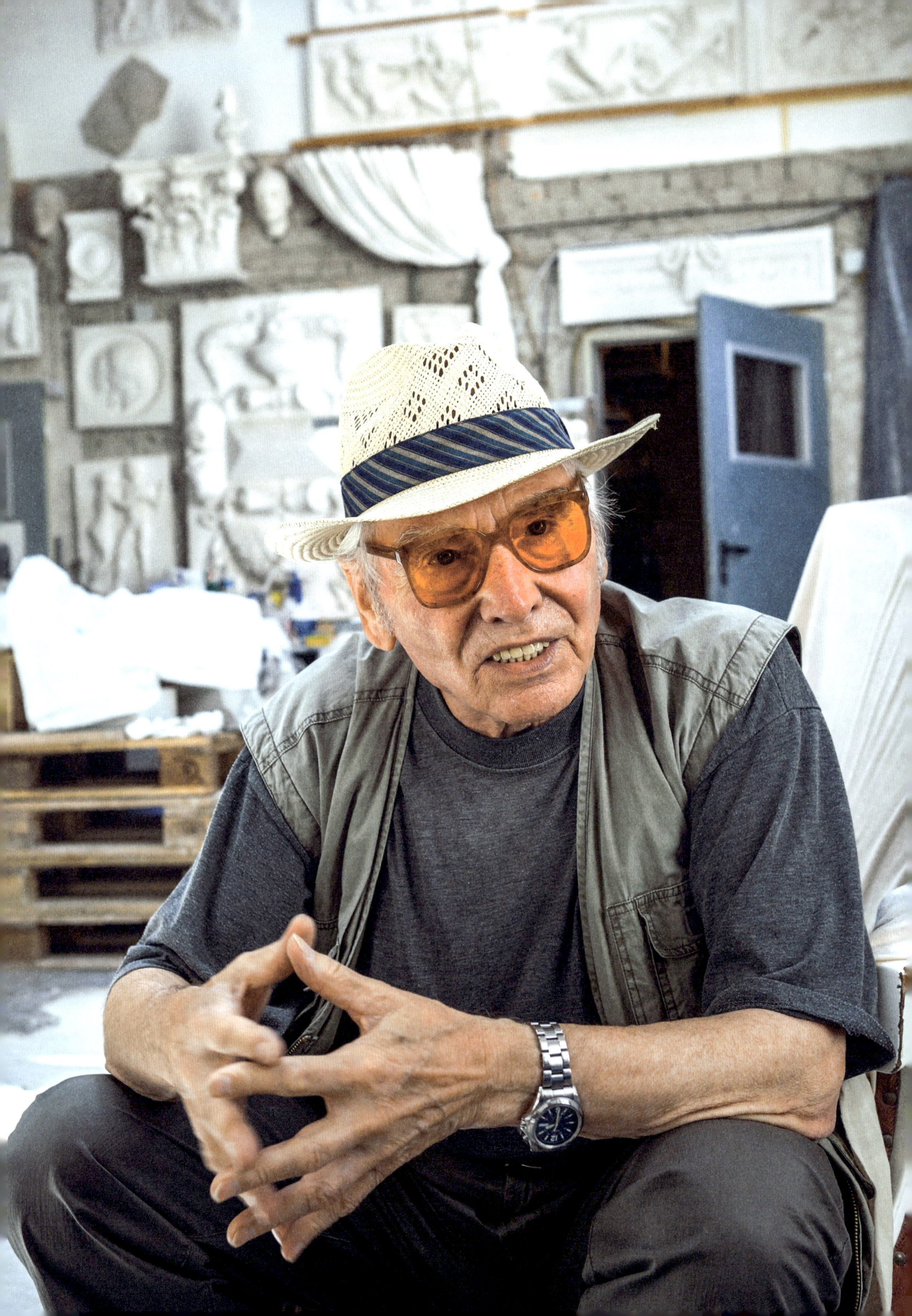

Ehemaliger Werkstattleiter
JÜRGEN KLIMES

Der väterliche Freigeist

Im Grunde genommen kommt er nur, um die Katzen zu füttern. Zumindest sagt er das. Emma schleicht sich dann auch gleich an, schnurrt um ihn herum, wie um einen Vertrauten, dem man mit wenigen Zeichen ein Update gibt von dem, was passiert ist. Jürgen Klimes, Jahrgang 1930, ist nicht in der Expertenkommission. Er ist auch nicht als Handwerker oder Künstler dabei. Und er ist nicht mit der Rekonstruktion der Eckkartusche beauftragt. Und doch hat er sie über weite Strecken begleitet. Wie ein Vater, der immer mal wieder reinschaut, um wohlwollend die Arbeiten seiner Jungs zu betrachten.

„Nur wer die Vergangenheit kennt, kennt die Zukunft"

„Meister" nennt Andreas Hoferick ihn. Er trägt ihm die Tasche, bietet ihm einen Stuhl an, schenkt Kaffee ein und ermuntert ihn zu erzählen. Von damals, als Jürgen Klimes Leiter der Bildhauerwerkstatt, einer Abteilung des VEB Stuck und Naturstein, in Berlin-Weißensee war. Viele, die heute die Fassaden des Berliner Schlosses rekonstruieren, sind in dieser Werkstatt groß geworden. Sie alle kennen sich von früher – Bertold Just, Andreas Hoferick, dessen Bildhauerkollegen Matthias Körner und Steffen Werner. Schon damals haben sie vom Schloss geredet und die Köpfe gezeichnet, die manch einer von ihnen jetzt modelliert. „Wir sind einander im Geiste verbunden", sagt Hoferick. „Wir haben eine gemeinsame Herkunft und wissen, wo es hingeht. Nur wer seine Vergangenheit kennt, kennt die Zukunft."

„Barock ist schief, da kann man großzügig arbeiten."

Jürgen Klimes' Leidenschaft gilt dem, was zerstört war. Die Renaissance ist ihm so nah wie der Barock. Zumindest fast. „Barock macht mehr Spaß", sagt er. „Barock war ja schief, da kann man großzügig arbeiten."

Als junger Mann hat er das von Bombenangriffen zu Teilen schwer beschädigte Schloss noch von innen gesehen. In einem Trakt, der noch begehbar war, wurden Ausstellungen gezeigt. Jürgen Klimes erinnert sich an französische Impressionisten. „Es stimmt also gar nicht, wenn es immer heißt, dass Schloss sei eine Vollruine gewesen", sagt er. „Es wäre restaurierungswürdig gewesen wie der Alte Marstall oder das Zeughaus." Er traf dort Waltraud Volk, damals noch Studentin, später Denkmalpflegerin. Sie erzählte ihm, wie man sich das mit dem Abriss dachte: Man würde Strohballen hinlegen und

PORTRÄT

105

darauf hoffen, dass die Figuren weich landen und man sie so retten könne. Sie landeten aber nicht weich, sondern zerbarsten, und die Überreste wurden weggekarrt. „Das waren ja noch nicht so gute Sprengmeister wie heute", spottet Klimes. Damals hat er sich für das Schloss nicht weiter interessiert. Er und seine Kollegen haben am Zeughaus gearbeitet, am Brandenburger Tor, am Märchenbrunnen im Volkspark Friedrichshain.

Walter Ulbricht gratulierte

1963 kam man dann auf ihn zu. „Trauen Sie sich zu, Portal IV für das Staatsratsgebäude zu restaurieren?" Das war das Portal mit dem Balkon, auf dem Karl Liebknecht gestanden haben soll, als er am 9. November 1918 die „freie sozialistische Republik Deutschland" ausrief. In Pankow-Heinersdorf sollten noch Stücke des Portals liegen. „Für mich war das ein Leckerbissen", sagt Jürgen Klimes. Zusammen mit Waltraud Volk suchte er die Stücke zusammen und nahm auch sonst noch einiges mit, was dann für viele Jahre in der Werkstatt herumlag. Sie setzten zusammen und ergänzten, was fehlte. Der DDR-Staatsratsvorsitzende Walter Ulbricht gratulierte: „Gut geworden."

Und der Wiederaufbau des Schlosses? „Politisch hat mich das wenig interessiert, ich habe keine royalistischen Ambitionen. Insofern ist mir das Schloss egal." Aber dann stand Wilhelm von Boddien, der jetzige Geschäftsführer des Fördervereins für den Wiederaufbau des Berliner Schlosses, in seiner Werkstatt. Er sah sich um. Sah, was die Leute machten und konnten. Und sagte, so zumindest erinnert es Klimes, Sätze wie: „Donnerwetter. Fantastisch. Das geht ja." Von Boddien war verblüfft, dass es noch Menschen gibt, die so etwas können.

Klimes fuhr mit von Boddien herum, um nach den zersprengten Stücken vom Schloss zu suchen, kleinen und großen, die man hätte wiederverwenden können. „Ich hatte gedacht, auch das teilweise original erhaltene Portal IV, das die Fassade des benachbarten Staatsratsgebäudes schmückt, wird in das Schloss integriert", sagt Klimes. Aber es kam anders. Heute gibt er dem Architekten Franco Stella recht, der sagte: Wenn schon rekonstruiert wird, dann alles.

Klimes bekam den Auftrag zu kalkulieren, was es wohl kosten würde, die Schlossfassade zu rekonstruieren. „Bildhauer müssen zehn Jahre arbeiten, sagt der Chef der Bildhauer", stand dann sinngemäß in der Zeitung. „So ein Kram", schimpft Klimes heute, mehr als zwanzig Jahre später.

Deserteur, Autodidakt, Chef

Die Ausstrahlung, die Jürgen Klimes auf seine Leute gehabt hat, lässt sich auch aus seinem Lebenslauf heraus erklären. Er machte das Notabitur und sollte als Jugendlicher in einem der letzten Aufgebote Adolf Hitlers an der Front gegen die Rote Armee kämpfen. „Da bin ich getürmt." Das hätte auch schiefgehen können. „Andere hat die SS an die Laternen gebammelt, sie hatten ein Schild um den Hals: ‚Ich habe den Führer verraten.'" Nach dem Krieg hat er ein paar Semester in Berlin-Weißensee Kunst studiert, dann aber in der Grabsteinbranche gearbeitet, wo ein Franziskaner-Mönch sein Talent entdeckte und sagte: „Wenn Sie das so schön können, dann machen Sie doch für uns die Wundmale Jesu in Granit." Als Autodidakt war Klimes anschließend schon beim Wiederaufbau der Deutschen Staatsoper Berlin Anfang der Fünfzigerjahre mit dabei. Ab 1958 übernahm er die Leitung der Bildhauerwerkstatt des VEB Stuck und Naturstein.

Ohne Talent geht es nicht

Eine seiner wichtigsten Aufgaben war es, gute Leute zu finden. Die Staatsoper hatte noch eine ältere Generation aufgebaut, viele waren schon über siebzig. Jetzt mussten Jüngere ran. Talent war entscheidend. „Ohne geht es nicht", sagt Klimes. Der Satz steht im Raum. Klimes lässt ihn nachhallen. Talent, ist Klimes überzeugt, lässt sich nicht erzwingen und ist auch nicht mehr messbar. „Das muss einem liegen, sonst ist es sinnlos." Er hat Leute gesehen, die an alles nur mit dem Zollstock rangehen und es auch gar nicht anders wollen, die geistig nur akzeptieren, was sie ablesen können. „Die können noch so fleißig sein, die werden kein Picasso."

„Ich war ganz streng", sagt Klimes von sich. Das ist vielleicht der Grund, warum die Leute, die bei ihm in der Werkstatt waren, heute das Zeug dazu haben, auch ein großes Stück wie die Eckkartusche zu stemmen. Zu Zeiten der DDR arbeiteten die Bildhauer in einer Nische. Ihre Werkstatt lag in Berlin-Weißensee, und der Sitz der VEB Stuck und Naturstein war weit weg. Klimes konnte seinen Leuten Freiräume schaffen. „Wir haben nachgeschöpft, der ganze Sozialismus-Kram hat uns wenig interessiert." Aber am Monatsende musste der Abschluss stimmen.

Von Katzen und Menschen

Bilder aus diesen Jahren zeigen eine fröhliche Belegschaft, fünf ältere und mehr als zwanzig junge Leute mit Schlaghosen, Latschen, langen Haaren, aber ihr Blick ist klar und entschlossen. Andreas Hoferick war einer von ihnen. Eigentlich hatte er Künstler werden wollen, nicht angestellt sein, sondern frei. „Aber", sagt Hoferick, „als ich in die Werkstatt kam, da wusste ich: Zu dieser Truppe will ich gehören." Er zeigt auf Klimes: „Er hat mir elf Jahre lang den Rücken freigehalten." Unter anderen Umständen wäre er ausgereist. So ist er geblieben. Und wie Hoferick ging es vielen.

Heute ist es umgekehrt. Heute kommt Klimes in die Werkstatt, nicht weil er muss oder weil er Geld dafür bekommt. Sondern weil es ihm ein Bedürfnis ist. Er lässt sich seine Aktentasche geben, zieht das Katzenfutter heraus. Die Katze Emma hört das Rascheln. Und nachdem sie sich den ganzen Nachmittag in der Werkstatt vergnügt hat, schleicht sie sich nun maunzend an den Meister heran. Für einen Moment hat man das Gefühl, dass Klimes hier mehr findet als den Austausch unter Kollegen. Als handele es sich um ein Stück Familie.

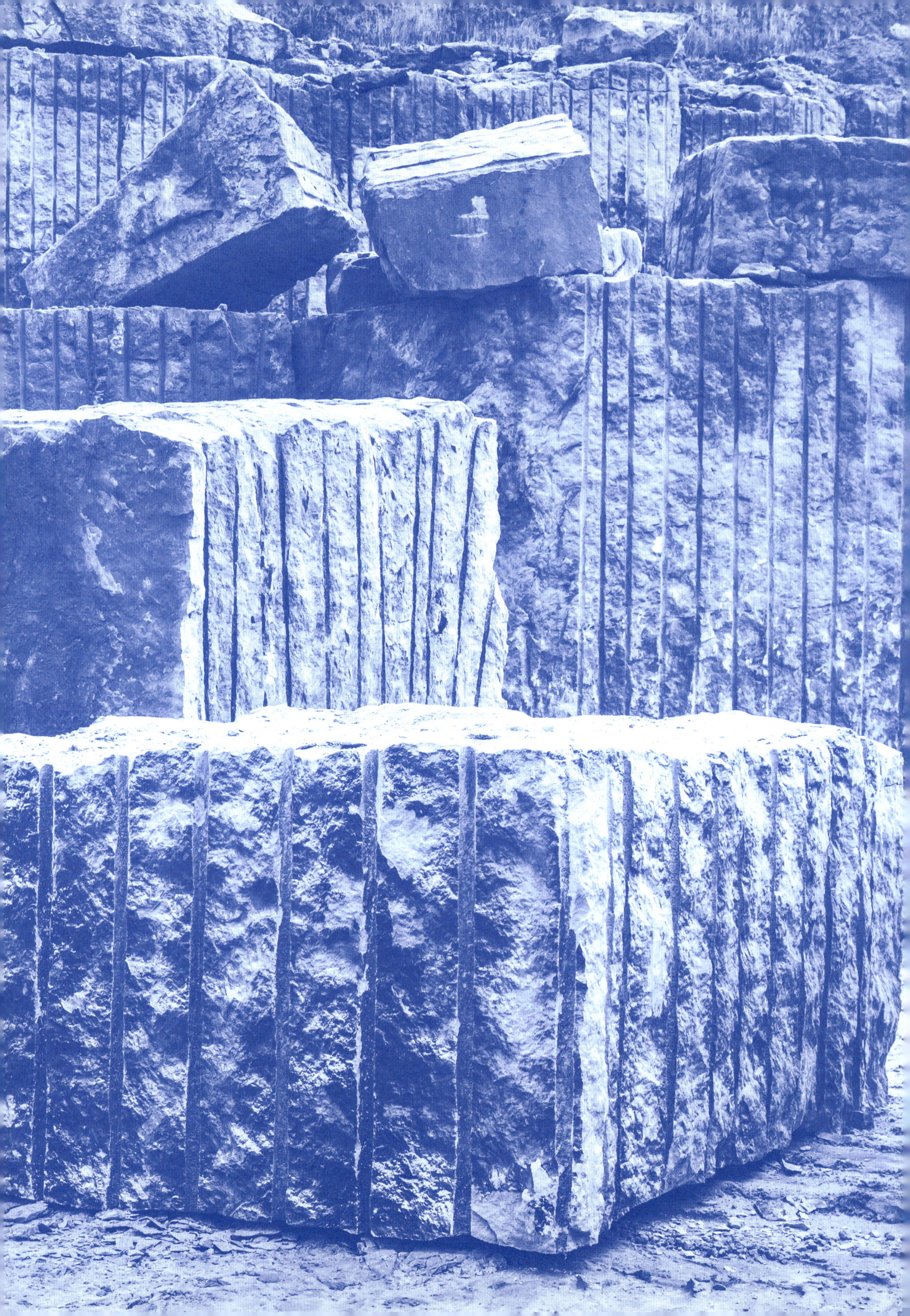

5

109

IM STEINBRUCH

Reinhardtsdorf
Frühjahr 2014

Im Steinbruch in der Sächsischen Schweiz werden im Frühjahr 2014 die Sandsteinblöcke in Bildhauerqualität aus dem Berg gesprengt, aus denen die Eckkartusche gehauen werden soll. In dieser Qualität ist der Reinhardtsdorfer Sandstein gelblich gefärbt, kieselig gebunden und hat ein feines bis mittleres Korn. Abgebaut wird er von den Sächsischen Sandsteinwerken, die ihren Sitz in Pirna haben. Das Unternehmen entstand im Jahr 1896, die DDR-Führung verstaatlichte es 1972 und gliederte es dem VEB Elbenaturstein Dresden an. 1990 ging es an die alten Eigentümer zurück und firmiert seitdem unter seinem jetzigen Namen.

Das Sprengen geschieht unter strengen Sicherheitsauflagen. In den Stein werden mithilfe eines 5,3 Tonnen schweren und hydraulisch getriebenen Bohrgeräts Löcher gebohrt, in die die Sprengschnur gefädelt wird. Diese Sprengschnur ist mit einem Zünder verbunden. Die Wucht der Explosion ist so berechnet, dass sie den Stein entlang der Linie der Bohrlöcher spaltet. Schwere Räumfahrzeuge sind nötig, um die Quader an ihren Lagerplatz im Steinbruch zu transportieren. Auf Tiefladern wird der Stein dann zum Kunden gebracht.

Im Reinhardtsdorfer Sandsteinbruch

IM STEINBRUCH

IM STEINBRUCH

114

1–2 In den Sandstein wird hydraulisch eine Reihe von Löchern gebohrt.

3–4 Platzierung der Sprengschnur in den Bohrlöchern

IM STEINBRUCH

115

5–6 Das Signalhorn wird vor der Sprengung geblasen, dann wird der Sandsteinblock herausgesprengt.

IM STEINBRUCH

116

1 Bohrlöcher in einem durch Sprengung
   geteilten Sandsteinblock

IM STEINBRUCH

117

2–3 Verbringen und Verladen der Sandsteinblöcke für den Transport

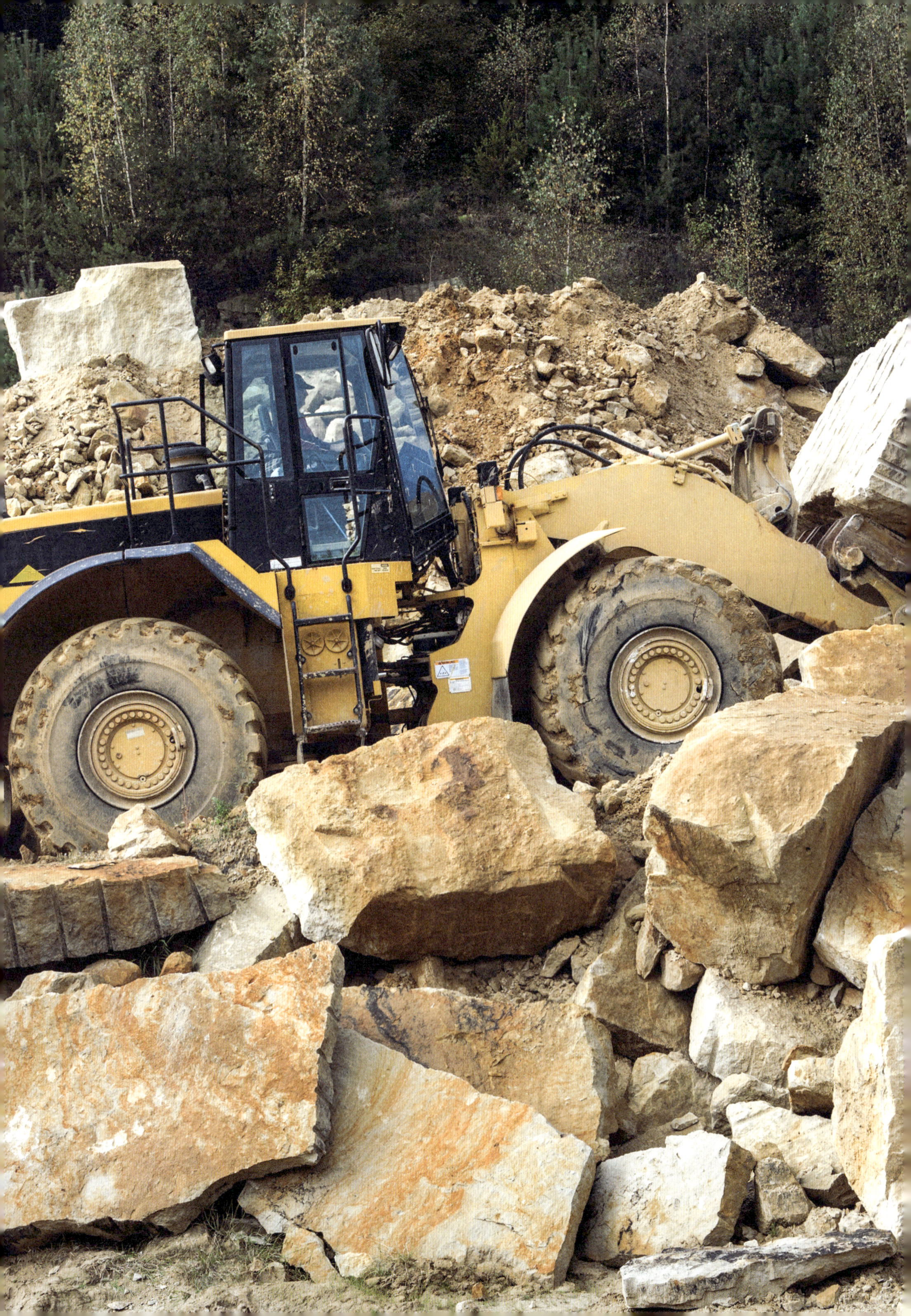

Sprengmeister
BERND FISCHER

Der mit einem Knall Berge versetzt

Unten im Steinbruch ist Bernd Fischer klar zum Sprengen. Er soll drei Blöcke zerteilen, die noch zu groß sind. Die Löcher sind gebohrt, die Sprengschnur ist verlegt, in jedem Loch verschwindet eine rote Schnur, die aussieht wie eine Wäscheleine, aber zwölf Gramm Sprengstoff je Meter enthält.

Bernd Fischer hat eigentlich Bergbautechnologe gelernt. Dann kam die Wende, er musste sich neu orientieren. Die Sächsischen Sandsteinwerke versprachen einen sicheren Arbeitsplatz. Also lernte er, was man braucht, um Berge zu versetzen.

Der Knall ist nur ein winziger Moment in einem langen Prozess. Es beginnt damit, dass Bernd Fischer die Sandsteinbank genau betrachtet. Wo ist eine Abhebe, also eine weiche Schicht eingelagert, die die Lagen in der Horizontalen durchzieht und somit trennt? Hier in Reinhardtsdorf liegt der Stein in Ebenen, die sich leicht voneinander lösen. So reicht es, den Stein in der Vertikalen zu spalten. Zum Bohren der Sprenglöcher benutzt Bernd Fischer eine Art kleinen Bagger, nur dass der statt einer Schaufel eine hydraulische Bohreinheit besitzt. „Das ist wie Bretter bohren, einfach ein Loch senkrecht neben das andere setzen." In diese Löcher wird die Sprengschnur verlegt. Die Explosion schiebt den Stein dann auf der weichen Abhebe-Schicht nach vorn.

Bernd Fischer bläst das Signal zur Sprengung. Dann betätigt er die Zündmaschine und etwas zeitversetzt hallt ein dumpfer Knall durch den Steinbruch. Ein Schmetterling fliegt auf. Es blitzt überm Stein. Der Sandsteinblock macht einen kaum sichtbaren Hopser zur Seite. Fischer bläst drei Mal, um zu signalisieren, dass es vorbei ist. Langsam senken sich die Staubwolken über der Sandsteinbank.

Derweil schiebt Bernd Fischers Kollege die Schaufel eines großen Radladers unter einen Block. Das Fahrzeug wippt unter dem Gewicht des Steins, aber schon kurze Zeit später röhrt es den Hang hoch. Wie ein Mistkäfer mit seiner Kugel sieht es aus. Oben steht der Schwerlaster zum Weitertransport.

Produktionsleiter
UWE JAHR

Beim Anblick des Elbsandsteingebirges wird er poetisch

Die Fahrt zu den Sandsteinbrüchen bei Reinhardtsdorf führt über kurvige Straßen. Rechts ist die Strecke durch den Fels geschlagen. Links öffnet sich der Blick auf den Nationalpark Sächsische Schweiz. Uwe Jahr steuert den Wagen entspannt durch die Landschaft. „Hier war mal Meer", sagt er vergnügt und beschreibt, wie die Wassermassen und Sedimente diese Formenvielfalt hervorbrachten, mit Felsnadeln, Tafelbergen und zerklüfteten Felsen.

Der Schöpfer rührte einst im Urmeer

Jahr ist Produktionsleiter bei den Sächsischen Sandsteinwerken am Firmensitz in Pirna. Er ist eigentlich ein eher rationaler Typ. Aber beim Anblick dieser Steine wird er poetisch. „Vor vielen Millionen Jahren hat hier ein Schöpfer im Urmeer gerührt", sagt er. „Wir müssen den Stein nehmen, wie er ist." Manchmal ist das einfach. Aber bei großen, anspruchsvollen Bildhauerprojekten wie der Eckkartusche ist das ganz schön schwierig.

Der Steinbruch liegt vor dem Ort Reinhardtsdorf. Aus der Ferne sieht man nur den Hang. Doch dann endet die Straße, und man steht vor einem Abgrund und blickt in den sandig-gelben Berg. Uwe Jahr parkt den Wagen. Er sucht seine Männer, die hier im Abbau tätig sind.

Lange war unklar, welcher Stein für das neue Berliner Schloss verbaut wird. „Wir sind ja nicht die einzigen Steinlieferanten." Man hört, wie sehr er wünscht, es wäre anders. Ist es aber nicht. Das alte Schloss war sehr wahrscheinlich zu großen Teilen aus Cottaer Sandstein erbaut worden. Der ist hell- bis gelbgrau, mit feinem Korn und lässt sich leicht bearbeiten. Doch die Experten haben sich wegen der technischen Werte gegen diesen Stein entschieden und stattdessen für den aus Reinhardtsdorf. Der ist wie der Cottaer Sandstein kieselig gebunden, das Korn ist fein bis mittel. Er ist frostbeständig und eignet sich hervorragend für Steinmetz- und Bildhauerarbeiten. So beispielsweise wurde er für den Wiederaufbau der Dresdner Frauenkirche oder für die Skulpturen am Dresdner Zwinger verwendet.

Jeder Stein ist anders

Von oben wirkt der Steinbruch wie ein Spielplatz mit Bauklötzen für Riesen. Zwei Bänke sind hier im Abbau. Wie gewaltige Stufen führen sie von der Kuppe hinab zur Sohle. Von dort kommt das Material her, aus dem die Eckkartusche besteht und vieles andere am Berliner Schloss. Es sei eine riesige Herausforderung, für dieses Projekt zu liefern, sagt Uwe Jahr. Denn: Die Bauzeit ist kurz. Viel schöner wäre es gewesen, wenn sich die Bauherren früh für ein Material entschieden hätten. Dann hätten sie hier Zeit gehabt. Aber der Rohbau stand schon, als noch immer nicht alle Lose vergeben waren. „Und dann wollen sie alles über Nacht haben."

Der hintere Teil des Steinbruchs sieht aus wie ein Lager. Quader in vielen Größen und Farben liegen aufgereiht nebeneinander. 2500 bis 3000 Kubikmeter bauen die Sächsischen Sandsteinwerke hier im Jahr ab. Dann kommt der Kunde und sucht sich aus, was er braucht. Doppelt und dreifach halten sie die Stücke vor. Denn der Bildhauer kann nicht exakt sagen, ob der Stein passt oder nicht. Das sieht er erst, wenn er ihn angearbeitet, also den Rohblock gespalten hat. Dann sieht man, welche Struktur und Farbe er aufweist, und muss oftmals erkennen, dass er den Anforderungen nicht genügt. Es wird also zunächst mehr Sandstein abgebaut als man später braucht. „Man steckt da nicht drin", sagt Uwe Jahr.

Vermittler zwischen Kunde und Berg

Uwe Jahr hat beim VEB Elbenaturstein Dresden gelernt. Er war zehn Jahre im Beruf, bevor er in die Produktionsleitung wechselte. Deshalb weiß er, wie Steinmetze und Steinbildhauer an ihre Projekte herangehen. Das kommt ihm hier zugute. Dann steht man da, sagt: „Na, was denkst du?" und kommt miteinander ins Gespräch, dreht den Stein vielleicht noch einmal um oder schlägt eine Ecke ab, um Klarheit zu gewinnen. Die Farbe des Materials soll ja einheitlich sein. „Man könnte auch einfach ein Weilchen abwarten", würde der Produktionsleiter den Kunden gerne sagen. Kommt ein Stein frisch aus der Wand, ist er sehr farbig. Aber er trocknet aus, verblasst, verschmutzt, und mit der Patina werden die Unterschiede zwischen den einzelnen Partien immer geringer. Aber der Kunde wird sich aufs Warten nicht einlassen. Zu vermitteln zwischen dem, was der Berg hergibt, und dem, was der Kunde wünscht, ist Jahrs Job.

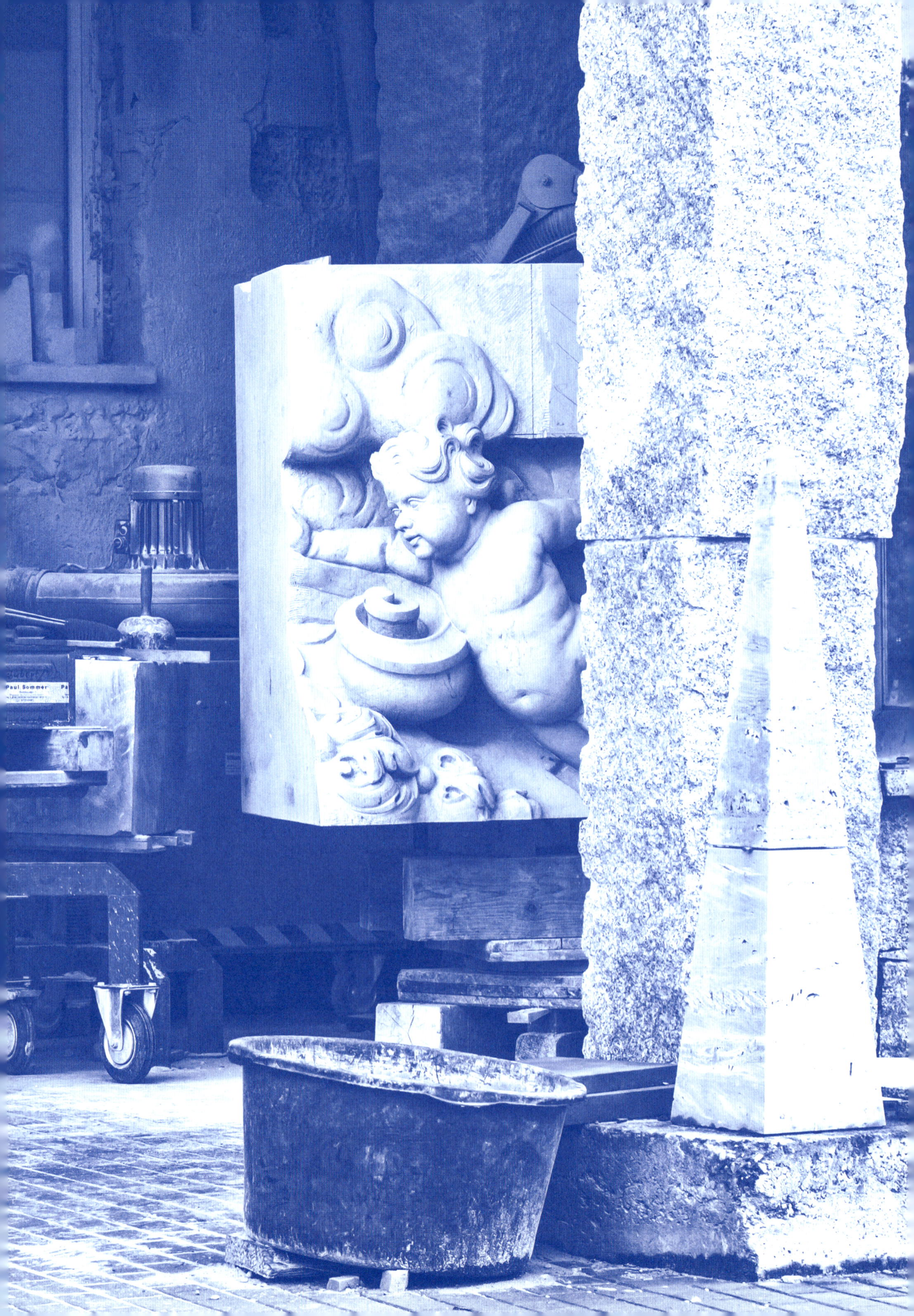
Paul Sommer

6

123

DIE SAND-STEINKOPIE

Schubert Steinmetz und Steinbildhauer, Dresden
September 2014 – März 2016

In der Werkstatt von Sven Schubert beugen sich Experten und Steinbildhauer im Juli 2014 über die Pläne. Die Arbeiten gehen in eine neue Phase: Jetzt wird die Sandsteinkopie im Maßstab 1:1 ausgeführt, die schließlich das neue Berliner Schloss schmücken soll. Das Bundesamt für Bauwesen und Raumordnung hat den Auftrag für die Umsetzung in Stein gesondert ausgeschrieben. Sven Schubert bekam den Zuschlag. Das Gipsmodell im Maßstab 1:1 wird also von Berlin nach Dresden transportiert. Auch die Blöcke aus dem Steinbruch lässt Schubert auf den Betriebshof liefern. Sein Unternehmen ist groß, es verfügt über Blockkreissägen, ein großes Sägegatter und einen schweren Gabelstapler.

Die Mitarbeiter machen sich ans Werk, maßgeblich beteiligt sind Ralf Knie, Dirk Wachtel und Edgar Scheidewig. Sie scannen das Gipsmodell, lassen es vom Computer in eine 3D-Simulation umrechnen und bearbeiten die Scandatei. Anhand dieser Daten fräst ein Roboter die Form bis auf einen Zentimeter vor. Die Oberfläche weist eine geriffelte Struktur auf, die unübersehbar von der maschinellen Bearbeitung zeugt. Mit Knüpfel und Eisen machen sich die Steinbildhauer ans Werk und verleihen ihm ihre eigene künstlerische Handschrift.

Um Fugen und Übergänge zu bearbeiten, werden einzelne Blöcke auf dem Werkstattgelände zusammengefügt und später mithilfe eines Krans wieder voneinander getrennt und verladen. Im März 2016 stehen 13 in Sandstein gehauene Blöcke und sechs Ansatzteile in Dresden bereit, um nach Berlin geliefert zu werden.

DIE SANDSTEINKOPIE

1–2 Eine Gattersäge zerteilt einen Sandsteinblock in zwei sogenannte Tranchen.

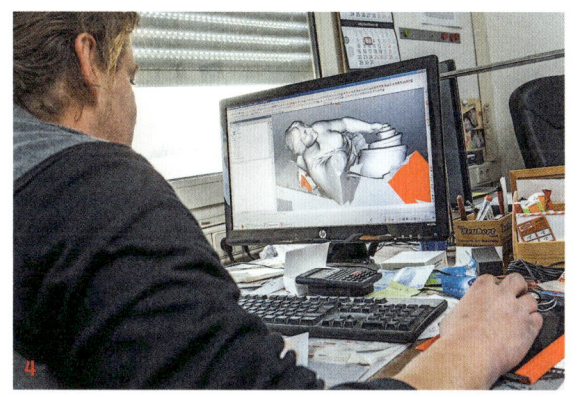

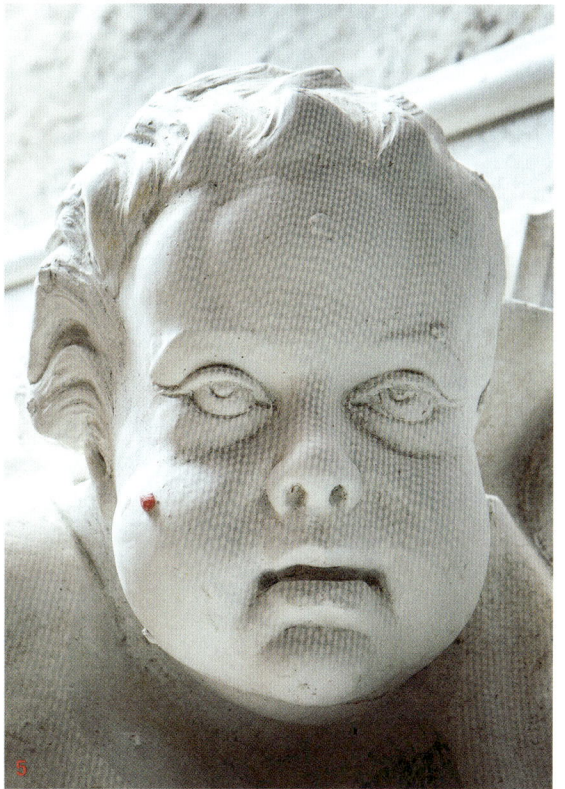

3–5 3D-Scan eines Puttenkopfes mit Strukturlicht, anschließend Bearbeitung am Computer

6–8 Vorbereitung und Arbeit mit der Fräse an einem Sandsteinblock

DIE SANDSTEINKOPIE

128

1 Die Fräse bei der Arbeit am Sandsteinblock

2–3 Der vorgefräste Sandsteinblock wird vom Steinbildhauer fein ausgearbeitet.

DIE SANDSTEINKOPIE

130

1–2 Arbeit mit dem Punktiergerät für die Übertragung vom Modell auf das Original

3–4 Bearbeitung der Standsteinskulptur mit dem Meißel

DIE SANDSTEINKOPIE

131

Der Steinbildhauer bei der Arbeit an einem Löwenkopf, das Gipsmodell dient als Vorlage.

DIE SANDSTEINKOPIE

133

1 Zusammenfügen der fertig bearbeiteten oberen Sandsteinblöcke

2 Nacharbeiten der Fugen und Übergänge an den zusammengefügten Sandsteinblöcken

DIE SANDSTEINKOPIE

3 Die Sandsteinblöcke werden mit einem Kran für den Transport wieder getrennt.

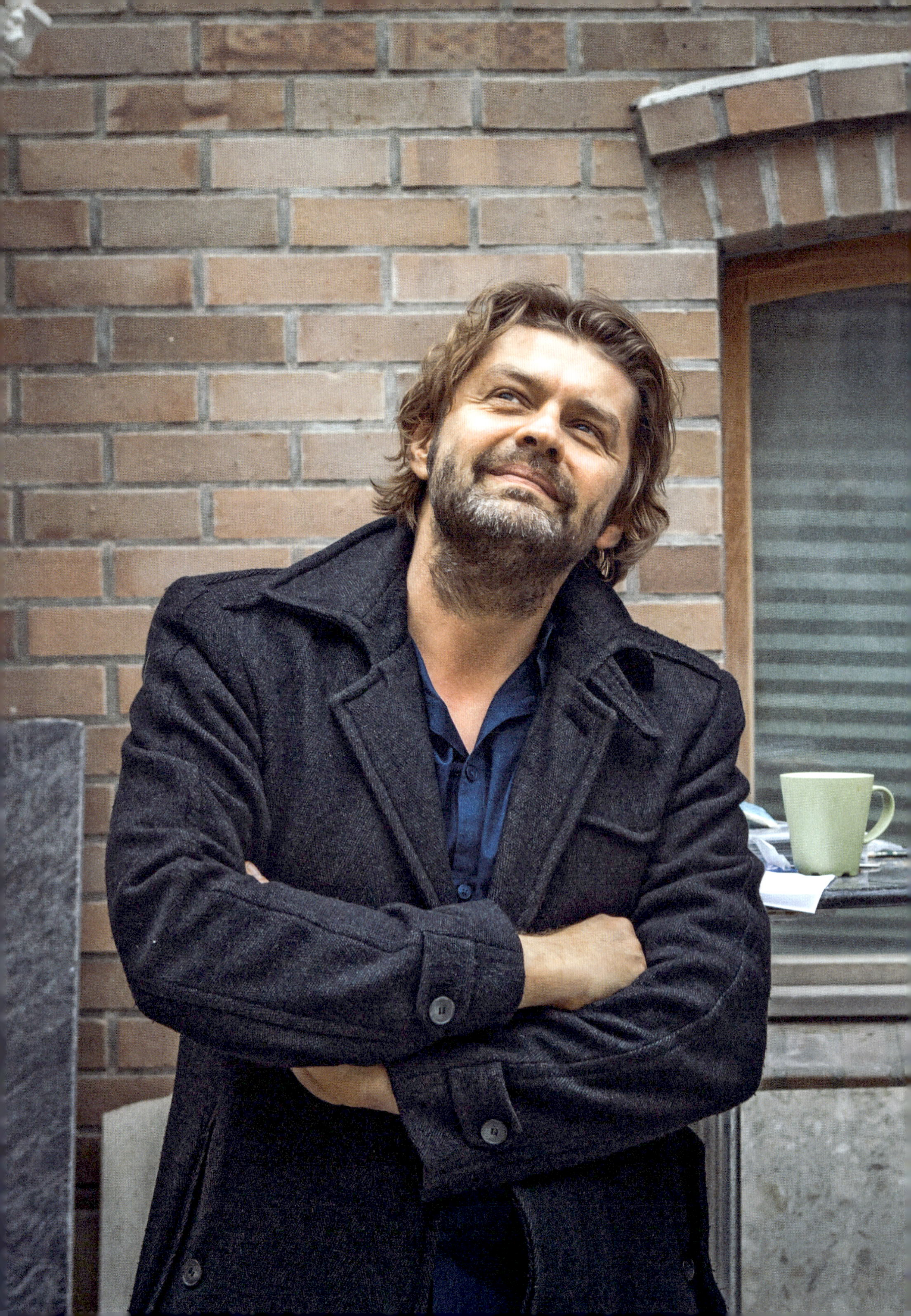

Werkstattinhaber
SVEN SCHUBERT

Ein Künstler, der in Technik investiert, um sich Freiräume zu schaffen

Was er selbst an der Eckkartusche ausgeführt hat? Sven Schubert überlegt einen Moment. „Nichts", sagt er dann. Zumindest nichts, was das Hauen in Stein anbelangt. Er hat den Auftrag besorgt, die Kontakte gehalten, zwischen der Expertenkommission und seinen Leuten vermittelt. Und: Als Chef hat er den Stein ausgesucht. Behauen haben ihn seine Mitarbeiter.

„Wir mussten alle durch die Hölle."

Sven Schubert kommt aus dem zweiten großen Fachbetrieb der DDR, dem VEB Elbenaturstein Dresden. Dort hat er in den Achtzigerjahren gelernt. „Dresden war toll", schwärmt Schubert. „Da war Power." Ein besetztes Hinterhaus. Künstler als Freunde. Performance war damals groß im Kommen. Tagsüber arbeiteten sie im Betrieb. Nachts machten sie Kunst. Drei Jahre lang hat er an der Hochschule für Bildende Künste ein Abendstudium im Fach Plastik absolviert. Die Arbeit als Steinbildhauer war hart. Sie bearbeiteten das Material in traditioneller Weise fast gänzlich von Hand. Zweimal ist er dann abends beim Aktzeichnen eingeschlafen. „Es war wohl ein langweiliges Modell – aber das war auch ein schwerer Beruf. Wir mussten alle durch die Hölle."

Die Eckkartusche – ein bildhauerisches Meisterwerk

Sein Bild von der Zukunft, damals? Er sah sich in weißer Latzhose mit langem Bart unter einem Kastanienbaum in Mecklenburg sitzen und modellieren. Aber es kam anders. Heute leitet Sven Schubert seine eigene Werkstatt. Rund zwanzig Leute beschäftigt er. Er war erst 25 Jahre alt, als er sich selbstständig machte – mit einem Kapitell für das Löwengebäude in Halle als erstem Auftrag. Inzwischen ist seine Referenzliste lang. „Wir sind es gewohnt, große Volumina zu erledigen." Folglich hat er auch nicht gezögert, als das Gespräch auf das neue Berliner Schloss kam. Er war von Anfang an mit dabei.

Für Sven Schubert ist die Eckkartusche die größte Steinbildhauerleistung beim Wiederaufbau des Schlosses, „bei so großen Rohblöcken – der schwerste wog 19,6 Tonnen – geht es ja nicht nur um das kunsthandwerkliche Können, sondern auch um Logistik. Dafür kommen gar nicht so viele in Frage." Und: „Unsere Zeit ist arm an Visionen, was das Handwerk und menschliche Tätigkeiten betrifft. Die meisten lernen ja Berufe, bei denen sie nicht erleben, was dabei herauskommt. Aber wenn man unter dem Schloss steht und sagt: ‚Guck mal, das habe ich erschaffen', das ist schon toll."

Lampenfieber bei der Auftragsvergabe

Natürlich bewarb er sich um den Auftrag. Zwei Arbeitsproben wollte die Expertenkommission sehen: Einen Bozzetto, also ein Modell der Kartusche im Maßstab 1:6. Und eine Sandsteinkonsole in Gestalt einer Wildermann-Maske, einem jener Männerköpfe, die grimmig vom unteren Balkongesims des Schlüterhofes blicken. Sie fuhren zu dritt nach Berlin: Jan Kretschmar, der den Bozzetto modelliert hatte, Ralf Knie mit der Konsole und er, um den Betrieb überzeugend zu präsentieren. „Die vollzählige 15-köpfige Expertenkommission stand uns gegenüber", erzählt Sven Schubert. Das war wie im Examen. Und er, der schon bei vielen bedeutenden Bauvorhaben in Deutschland und auch im Ausland gezeigt hatte, was er kann, bekam Lampenfieber. „Und dann merkt man im Gespräch, dass es zusammengeht, und ist froh." Der Auftrag, die Tonmodelle und Gipsabformungen im Maßstab 1:3 und 1:1 zu erstellen, ging an Andreas Hoferick. Die Umsetzung in Sandstein ging an Sven Schubert.

Die ungewisse Suche nach dem richtigen Stein

Schubert beschreibt, wie er damals mit dem Steinbruchmeister dastand. Den Auftrag hatte er schon in der Tasche, aber der Stein war noch nicht ausgewählt. Bei der Eckkartusche war die Aufgabe besonders knifflig. Die Rohblöcke sind groß. 19,6 Tonnen wog der größte. Einen Block in guter Qualität zu finden ist schon schwer – und dann musste er auch noch zu den anderen passen.

Der Meister zeigt auf eine Sandsteinbank und sagt: „Da könnte er rauskommen." Aber tut er das auch? Die Zitterpartie beginnt. Denn niemand weiß, ob die Sandsteinbank nicht Risse aufweist, so dass man den Stein nicht verwenden kann, zumindest nicht für diesen Auftrag. Für die Steinbildhauer wird der Abgabetermin dann immer enger. Aber der Steinbruchmeister sagt: „Das ist die Natur, da kann man nichts machen." In seinem Beruf gibt es viele Eventualitäten. Alle kann man nicht berücksichtigen, denn wer den Auftrag will, muss knapp kalkulieren. „Wie beim Spekulieren kann man hier gewinnen oder verlieren", sagt Schubert. Wenn er die Termine nicht hält, fließt das Geld nicht.

Kunsthandwerker sind Maschinenstürmer

Sven Schubert kalkuliert die Aufträge zusammen mit dem künstlerischen Leiter Ralf Knie. Jeder überlegt, wie viele Stunden und Tage nötig sein werden. Dann schreiben beide ihre Zahl auf den Zettel und zeigen sich dann ihre Schätzungen. Sie kommen miteinander ins Gespräch und versuchen, ein realistisches Angebot abzugeben. Schubert weiß, dass man langsam arbeiten kann oder schnell, und dass langsam zu arbeiten manchmal anstrengender ist. „Die letzten Tage und Nächte vor dem Abgabetermin sind hart. Aber die ersten sind, als ob man den Auftrag nicht hätte."

Sven Schubert investierte in Technik, um Kosten zu sparen. Er kaufte einen Roboter, der fräst. „Der Auftrag war das Zünglein an der Waage", sagt er. „Als Kunsthandwerker ist man im Herzen ja Maschinenstürmer."

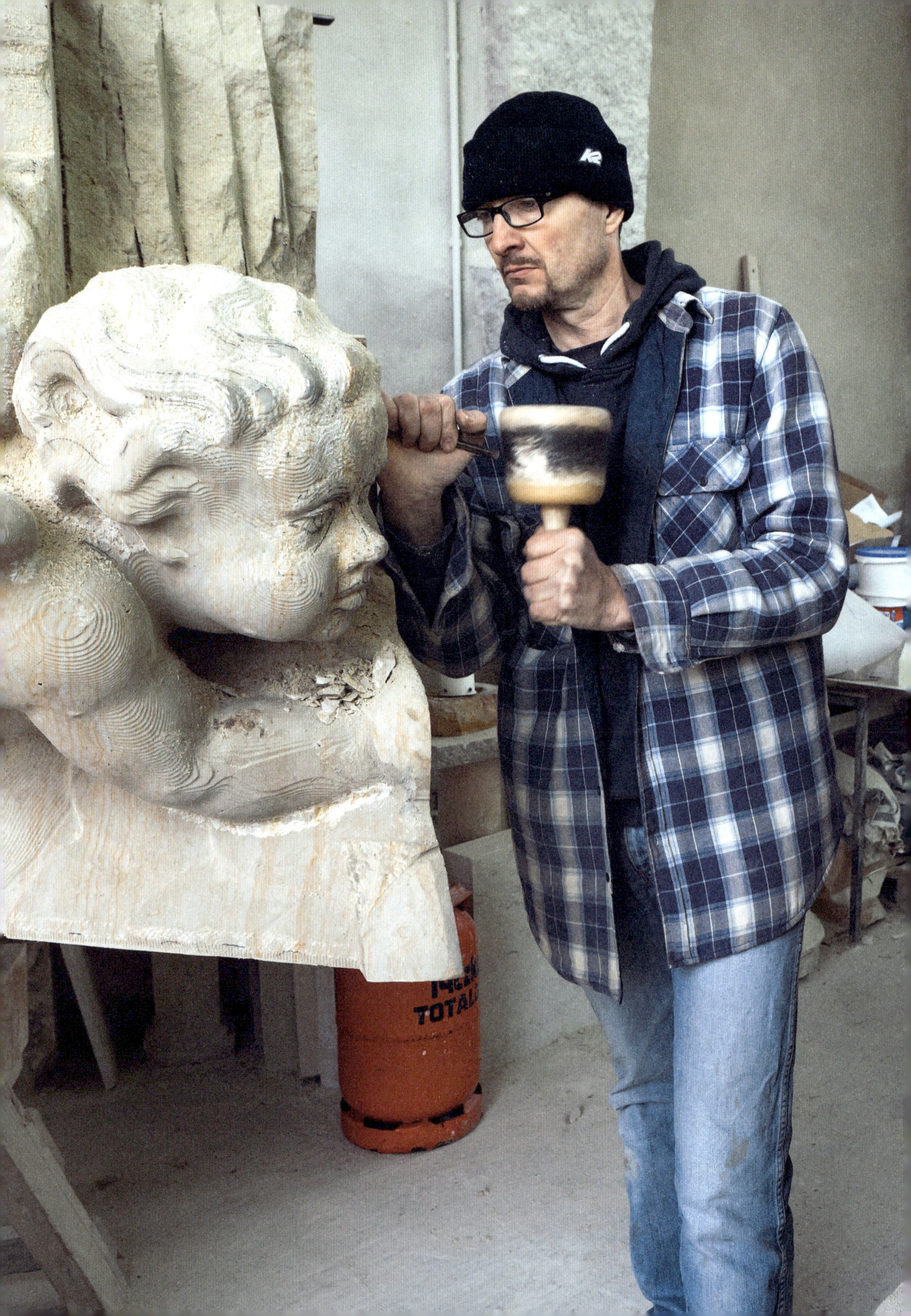

Bildhauer und künstlerischer Leiter
RALF KNIE

Der dem Roboter den Vortritt ließ

Unten im Hof erklingt es „pingk, pingk, pingk". Männer schlagen mit ihren Knüpfeln auf die Eisen. Locker. Stetig. Stein springt ab. Die Form schält sich heraus. Aber bis man als Besucher das Ergebnis sehen könnte, ist man schon längst wieder fort. Der Bildhauer hingegen kommt morgens immer wieder auf diesen Betriebshof an der Landstraße, geht an den Steinen vorbei in die Halle, die sie „Schauer" nennen, nimmt sein Werkzeug und macht weiter. Fragt man Ralf Knie, antwortet er: Doch, manchmal gebe es Abwechslung, weil er zum Beispiel einmal mit der Arbeit an einem Arm oder ein anderes Mal an einem Gesicht anfange.

Die Zusammenarbeit mit der Maschine

Die Eckkartusche aber wird Ralf Knie bei aller Routine so schnell nicht vergessen. Denn dies ist das Stück, an dem zum ersten Mal in seiner Laufbahn der Kollege Roboter mitgearbeitet hat. Die Maschine erledigte, was er sonst von Hand macht: Sie holte die Figuren aus dem Stein – zumindest in groben Zügen. Nur den letzten entscheidenden Zentimeter ließ sie stehen: Hier kam der Steinbildhauer zum Zuge. Zeitlich hat sich der Einsatz für Ralf Knie deutlich reduziert.

Gestalterisch bleibt die Eckkartusche sein Werk.

Früher hätte er über Monate hinweg an einem Stein gearbeitet, hätte Tag um Tag, Woche um Woche erst mit dem Fäustel, dann mit dem Knüpfel auf das Eisen geschlagen – auf Pressluft hat er all die Jahre verzichtet – und sich in großer Geduld und kleinen Schritten den Formen des Gipsmodells angenähert, die großen Proportionen mit Zirkel und Punktiergerät übertragen, die Formen freigelegt und die Figur gehauen, so wie sie der Betrachter am Ende sieht. Viele Jahr lang hat er das so gemacht und nicht anders.

Die Knochenarbeit macht der Roboter

Der Roboter kann deutlich mehr als die herkömmliche Fräse, die in der Werkstatt von Sven Schubert schon lange im Einsatz ist. Er kann nicht nur vor und zurück, sondern kommt auch von oben und unten an den Stein und folgt auf diese Weise den komplexen Formen des Barocks. Wenn man ihm das aufträgt, arbeitet der Roboter ohne Murren Tag und Nacht. Er kostet auch keine Sozialabgaben. Vor allem aber setzt er Energie frei für die Aufgaben, bei denen der Steinbildhauer unersetzlich ist.

„Bei Marmor geht es sogar noch weiter, da können Roboter den ganzen Prozess übernehmen, und am Ende muss man nur noch ein wenig polieren", erzählt Ralf Knie. Sandstein ist spröder, man braucht Erfahrung, um zu wissen, wie man ihn haut – eine Erfahrung, die dem Roboter fehlt und die man ihm auch (noch) nicht beibringen kann.

Man sollte meinen, der Bildhauer wäre traurig, wütend, entrüstet über die Automatisierung. Nicht so Ralf Knie. Er zuckt mit den Schultern und knetet die starken Hände. „Der Durchlauf ist schneller geworden", sagt er. Statt über einen Zeitraum von zwölf Monaten ist er jetzt oftmals nur noch sechs Monate lang mit einem Stück befasst. Weggefallen ist die Knochenarbeit. Aber es bleibt seine Handschrift und sein Können, die darüber entscheiden, ob das Werk am Ende gelingt.

Ralf Knie hat früh schon gewusst, dass er Steinbildhauer werden wollte. Sein Anspruch ist es nicht, Figuren zu entwerfen. Seine Ambition ist es, die Figuren und Bilder eines anderen in Stein zu hauen. Mit einer großen Liebe zur Genauigkeit, sodass am Ende das große Werk des Künstlers dasteht. Er hat in Dresden gelernt und kennt Sven Schubert schon von der Zeit beim dortigen VEB Elbenaturstein. Der Betrieb war weit über die Grenzen der DDR hinaus bekannt, sogar die Königin von Dänemark gehörte zu den Kunden. In seiner dreißigjährigen Berufstätigkeit hat Ralf Knie viele große und anspruchsvolle Arbeiten ausgeführt, darunter den Bacchus, den Hermes und einen Krieger aus den Kolonnaden gegenüber dem Neuen Palais in Potsdam, Skulpturen vom Residenzschloss und von der Frauenkirche in Dresden, eine Engelsgruppe vom Berliner Dom und – nah dran an der Eckkartusche – ein Wappen für Schloss Übigau in Dresden, vermutlich die letzte Arbeit von Johann Friedrich Eosander von Göthe vor dessen Tod 1728. Viele der Formen, die bei der Eckkartusche relevant wurden, hat er auf diese Weise kennengelernt.

Je mehr Schnörkel, desto besser

Es ist schon irre: Sie haben es geschafft. Haben aus rohen Quadern die Kartusche freigelegt, erst mit dem Roboter, dann von Hand. Sie haben die Stücke zusammengesetzt und gesehen, wie gigantisch das Werk ist. Es ist so schwer, dass sie die unteren und die oberen Blöcke getrennt voneinander aufbauen mussten. Sonst wäre der Stein vielleicht im Betriebshof versunken.

„Das Berliner Schloss war eines der letzten richtig großen Wiederaufbauprojekte", sagt Ralf Knie. Er ist dankbar dafür, dass er dabei sein konnte. Und er weiß, dass es auch anders hätte kommen können. Denn Steinbildhauer sein und als Steinbildhauer arbeiten sind zwei Paar Schuhe. Auch wer Meister in seinem Fach ist, braucht immer wieder Aufträge. Wenn Ralf Knie von seiner Arbeit spricht, gewinnt man den Eindruck, dass Steinbildhauer zu sein seine Identität ausmacht und nicht nur ein Beruf ist, den er ausübt. Als ginge es hier um mehr als nur ums Geldverdienen. Je schwieriger das Stück handwerklich ist, desto mehr kann sich Ralf Knie dafür begeistern. Barock ist gut, sagt er, und Rokoko mit den vielen Schnörkeln erst recht. Es ist die Herausforderung, die ihn reizt.

Der kritische Blick der Experten

Spannend wurde es immer, wenn die Expertenkommission kam. Sie hatten ja alle ihr Bestes dafür gegeben, das Modell möglichst präzise in Stein zu hauen. Und doch ist es einmal passiert, dass einer die alten Fotos hervorholte und sagte:

„Das muss doch ganz anders." Man sieht Ralf Knie noch Monate später an, wie sehr ihn das gewurmt hat. Wieso galt das Foto? Obwohl das Modell doch schon abgenommen war? Andererseits hält auch er die kritischen Blicke der Experten für unverzichtbar. „Wenn man so lange an einem Stück dran ist, fehlt der Abstand", sagt er. Die Fachleute konnten Dinge wahrnehmen, die aus der kurzen Distanz des Alltags verschwimmen.

Was der Roboter gefräst hat, ist jetzt nirgends mehr zu sehen. Abgeschlagen haben sie dessen Spuren. Überformt mit ihrer eigenen Hände Arbeit. Ralf Knie ist stolz auf das Werk. Er sieht seine Handschrift. Künftige Generationen werden sogar erkennen, dass er Linkshänder ist. Vorausgesetzt, sie wissen die Spuren zu lesen und haben eine Vorstellung davon, wie die Arbeit des Bildhauers aussieht.

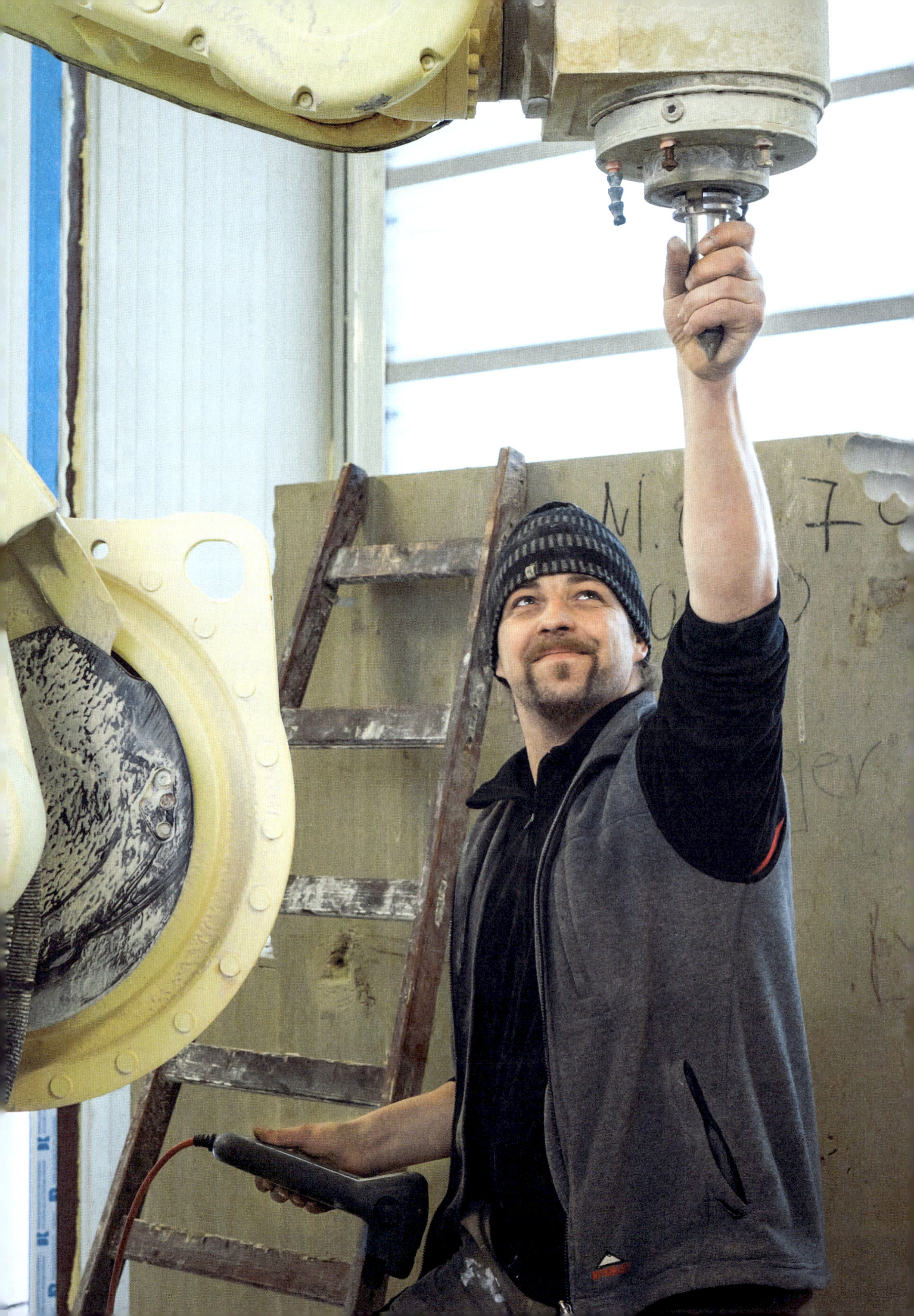

3D-Fachmann
EDGAR SCHEIDEWIG

Ein wilder Geselle

Sein wichtigstes Werkzeug war der Handscanner – ein Spezialgerät, das drei Dimensionen aufzeichnet, also neben Höhe und Breite auch die Tiefe. Damit hat er das Gipsmodell im Maßstab 1:1 fotografiert, in Tausenden von Einzelbildern, die der Computer speichert. Wichtig war, die Orientierung zu behalten, nach dem Motto: Man gebe mir einen festen Punkt, von dem aus sich Putten und Famen, Wappenschild und Krone vermessen lassen. Er brauchte etwas, das nicht zu übersehen ist: eine knallrote Markierung, die auf jeder Aufnahme zu sehen ist.

Edgar Scheidewig hat seine Ausbildung bei Sven Schubert absolviert. Er ist gelernter Steinmetz. Danach ging er an die Technische Universität Bergakademie Freiberg und studierte Geologie. In den Semesterferien klopfte er wieder bei Sven Schubert an: „Auch ein Student braucht Geld zum Leben."

Für den Betrieb war es ein Glücksfall, dass der Kontakt nicht abriss. Denn Edgar Scheidewig kann, was hier gesucht war. An der Uni hat er sich mit 3D-Modellen beschäftigt. Es ging um Rohstoffvorkommen und geologische Formationen. Als in der Bildhauerwerkstatt die Frage aufkam, wer die Eckkartusche scannt und die Daten aufbereitet, war klar: Der Edgar kann das.

Er ist ein wilder Geselle, voller Leidenschaft und Feuer, begeistert von dem, was er tut. Er hatte Spaß daran, die Kartusche ins Digitale zu überführen und den technologischen Fortschritt zu nutzen. Dass Edgar Scheidewig das Handwerk beherrscht, kommt ihm zugute. Nicht einfach „scannen – Knopfdruck – fertig", sondern Bildhauerarbeit mit anderen Mitteln.

Gemeinsam haben sie überlegt, welche Partien der Roboter vorfräsen soll und welche nicht. Denn nicht immer ist es sinnvoll, der Logik des Roboters zu folgen und erst die Form herauszuholen, dann das Feine. Bei feingliedrigen Händen zum Beispiel arbeiten sich die Bildhauer vom Feinen zum Groben, schaffen erst die Finger und schlagen dann den Stein dahinter weg. Würden sie andersherum vorgehen, wäre die Gefahr groß, dass die Finger unter der Wucht der Schläge abspringen.

Nie hätte Edgar Scheidewig gedacht, dass sein Studium ihn hier hinbringen würde. Es hat sich zufällig so ergeben. Aber: Es passt und ergibt Sinn. „Ja, da fällt Arbeit weg", sagt er. Wo heute der Roboter fräst, haben früher Kollegen ihr Brot verdient. „Andererseits ist der Prozess nicht zu stoppen." Die Großen in der Branche arbeiten schon seit Jahren mit solchen Maschinen. Und im Spiel zu bleiben ist ja durchaus auch ein Ziel.

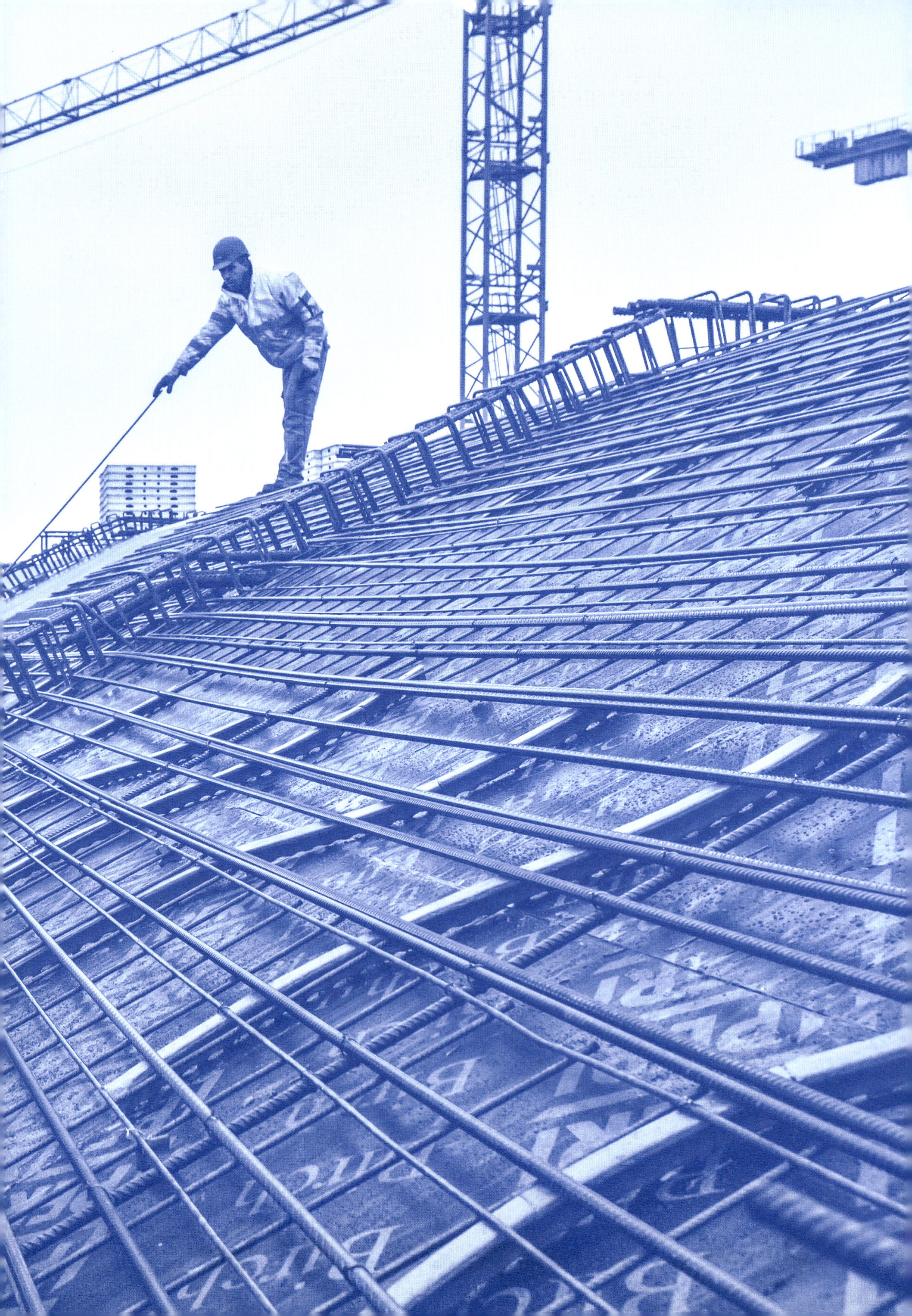

7

147

DER ROHBAU

Hochtief Solutions, Berlin
März 2013 – Dezember 2014

Während in den Steinbildhauerwerkstätten die Eckkartusche entsteht, errichten Bauleute im Herzen von Berlin den Rohbau des neuen Schlosses. Den Auftrag hat das Großunternehmen Hochtief Solutions bekommen, Harald Eberhardt ist als Oberpolier vor Ort. Als Nachunternehmer sind die Necko Hoch- und Tiefbau und die Berliner Firma A.M.M.A.R. Bau beteiligt.

Zunächst heben sie die Baugrube aus. Am 12. Juni 2013 legt Bundespräsident Joachim Gauck den Grundstein. Dann wächst innerhalb weniger Monate das Gebäude in die Höhe – als Stahlbetonrohbau, der sich zwar in den Dimensionen und Proportionen von anderen, modernen Gebäuden unterscheidet, nicht aber in der Bauweise. Die Bauleute schalen die Wände und Decken ein, bewehren sie mit Armier-Eisen, gießen Beton, wie auf Baustellen üblich.

Sie bauen auch die Gebäudeecke, in der die Wappenkartusche später angebracht wird. Bis auf wenige Millimeter genau entspricht der Rohbau den Plänen. Die Skulptur wird sich später also exakt einfügen lassen. Im Büro Franco Stella – Berliner Schloss – Humboldt-Forum Projektgemeinschaft (FSPG) ist Fabian Hegholz Kontaktarchitekt für die Bildhauerarbeiten.

DER ROHBAU

1–3 Betonbauarbeiten auf dem Dach des Berliner Schlosses

DER ROHBAU

DER ROHBAU

Bauarbeiten im neuen Berliner Schloss,
gelagertes Material im Schlüterhof

DER ROHBAU

153

1–4 Betonbauarbeiten auf dem Dach des Berliner Schlosses

155

DER ROHBAU

DAS

**Architekt
FABIAN HEGHOLZ**

Er koordiniert die Zusammenarbeit

Auf einem großen Tisch im Besprechungsraum faltet Fabian Hegholz einen Plan auseinander, der die Eckkartusche an ihrem künftigen Platz zeigt. Er ist mit den Stempeln von Statikern versehen. „Erst wenn alle ihre Stempel gemacht haben, kann man sagen: Das wird jetzt gebaut." Fabian Hegholz sorgt dafür, dass dies auch gelingt.

Er ist seit mehr als zwölf Jahren mit dem neuen Schloss befasst. Schon als junger Architekt war er dabei, als im Büro Stuhlemmer die ersten Pläne der historischen Fassade erarbeitet wurden. Moderner Bau, rekonstruierte Fassade – mit diesem Konzept gewann der Architekt Franco Stella dann 2008 den internationalen Realisierungswettbewerb. Es entstand die Projektgemeinschaft FSPG, bestehend aus den Architekturbüros Franco Stella, Hilmer & Sattler und Albrecht sowie Gerkan, Marg und Partner, für die Fabian Hegholz seit Mai 2010 als Kontaktarchitekt zur Schlossbauhütte und zu den Bildhauern tätig ist. Zu seinen Aufgaben gehört die Erstellung von Ausführungsplänen, welche aus der selbsttragenden Rekonstruktionsfassade aus Ziegeln und Sandsteinelementen sowie dem Betonrohbau eine schlüssige Konstruktion machen.

Auch knifflige Fragen fallen in seinen Bereich. Die Flügel der Putten zum Beispiel waren für die Statiker ein echtes Problem. Wie stellt man sicher, dass sie kräftig genug sind? Wer haftet, wenn sie abbrechen? Die Statiker sagten: „Das können wir nicht verantworten. Es gibt keine Bauregularien für Putten." Es folgten lange Gespräche. Die Fragestellung ging zurück an die Steinbildhauerwerkstatt, die sich auf die Handwerkstraditionen berief und ihrerseits ein Gutachten anfertigen ließ. Auflagen ergingen. Erst als alle Bedenken ausgeräumt waren, gab auch der Prüfstatiker seinen Stempel.

Fabian Hegholz hat diese Prozesse moderiert. Er schätzt sich glücklich, von Anfang an mit dabei zu sein. Zu Beginn wusste er noch nicht, worauf er sich einließ. „Aber dies ist ein Gebäude, das es wirklich wert ist. Eine Glanzleistung des Hochbarocks. Die Begeisterung vergeht nicht."

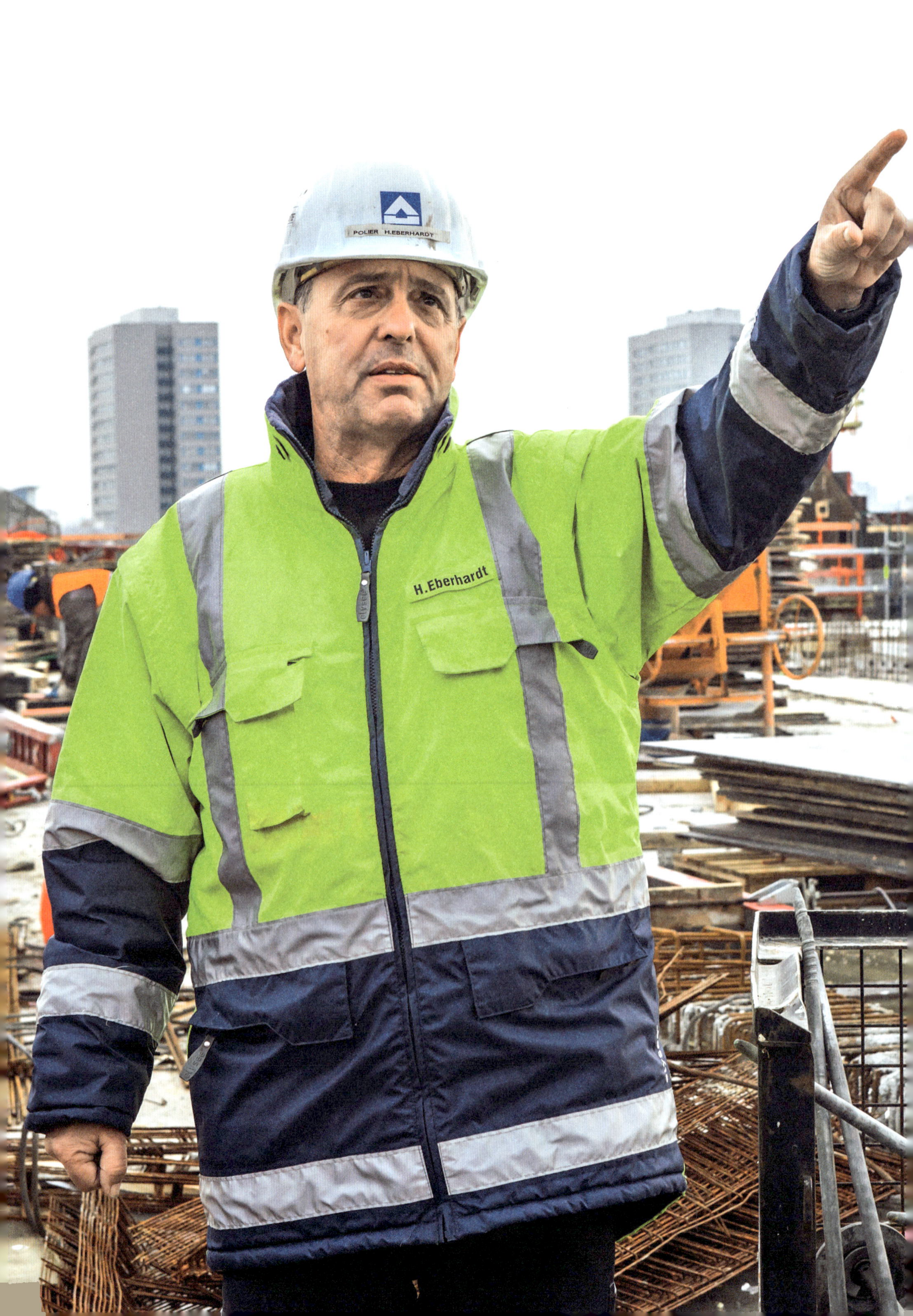
POLIER H.EBERHARDT
H.Eberhardt

Oberpolier
HARALD EBERHARDT

Der motivierende Rohbauleiter

Harald Eberhardt saß am Frühstückstisch, als die Nachricht eintraf. Er wollte gerade zur Humboldt-Box gehen, um zu sehen, was im Herzen von Berlin gebaut werden soll. Da piepste das Handy. Eine SMS vom Chef. Die Firma hat den Auftrag. Und damit war klar: Harald Eberhardt wird als Oberpolier für die Firma Hochtief Solutions den Rohbau des neuen Berliner Schlosses koordinieren. „Das war schon top", sagt er.

Eberhardt ist seit 1992 bei Hochtief Solutions. Aber dieses Projekt ist anders als alle anderen. Immer wieder macht er Fotos für sich und für seine Enkelkinder. Der Große ist acht, den nimmt er manchmal mit, um ihm die Baustelle zu zeigen. Helm auf und mal gucken, wo Opa arbeitet, das findet der spannend.

80 000 Kubikmeter Beton haben sie verbaut, 16-mal so viel wie beim Firmensitz von Coca Cola an der Stralauer Allee. Es ist das normale Tagesgeschäft: Schalung, Bewehrung, Beton. „Aber das Ergebnis ist anders als sonst – schon allein, weil die Geschosse so hoch sind." „Wahnsinn", sagt Eberhardt, wenn man ihn auf die Bauleute im Barock anspricht. „Wie die das logistisch hingekriegt haben, da ziehe ich den Hut." Ohne Zementmischer, ohne Hightech-Kran. Wenn das Geld ausging, wurde so ein Bau auch mal gestoppt. Für seine Leute gibt es diese Option nicht. Sie arbeiten fast ohne Pause, von Montag bis Samstag. „Wir müssen fertig werden." Zwei Firmen sind als Subunternehmen beteiligt. Eberhardt ist sehr zufrieden. „Das Schöne ist: Ich muss niemanden drängen. Die wollen, dass es gelingt."

Und noch etwas schätzt Harald Eberhardt an diesem Schloss: Dass es in Berlin steht, er abends nach Hause kommt und keine Wochenendbeziehung führen muss, wie so oft in früheren Zeiten. An schönen Tagen prüft er dann schon auf der Baustelle den Wind und lässt nach Feierabend Modellflugzeuge fliegen. „Man muss sich seine Freiräume schaffen", sagt er.

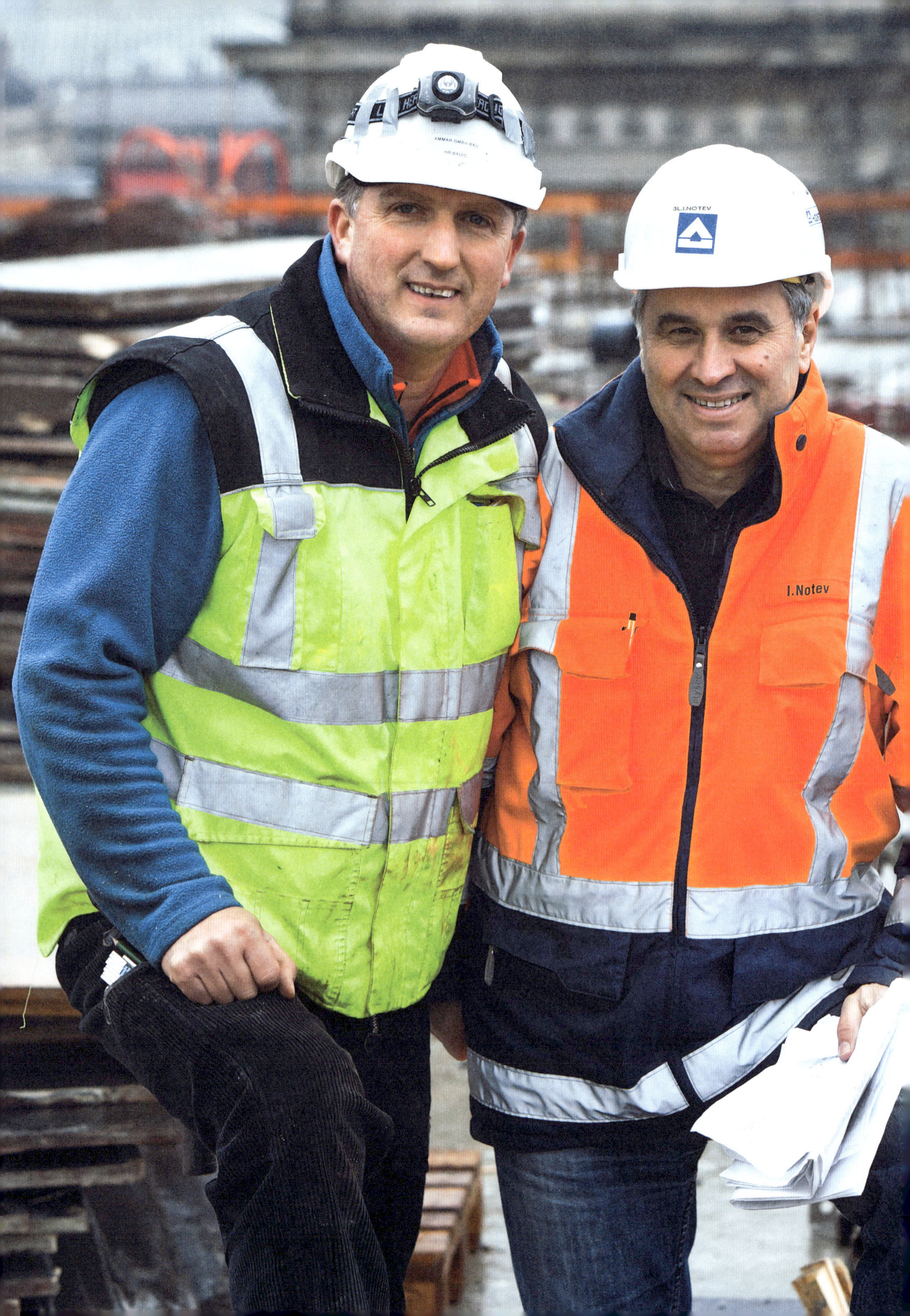
I.Notev

Technischer Vorarbeiter
EDIT BADIC

Er überträgt die Maße auf den Bau

Mehr als neunzig Prozent der Männer, die den Rohbau errichten, haben einen Migrationshintergrund, die meisten kommen aus dem ehemaligen Jugoslawien. Edit Badic (auf dem Bild links) auch. Er war 21, als er nach Deutschland kam – als Flüchtling. Es war Krieg. Badic schloss eine Art Vertrag mit sich. Er würde nicht studieren, sondern Geld für die Familie verdienen. Aber er würde versuchen, jeden Tag etwas dazuzulernen.

Heute ist Edit Badic Spezialist für komplizierte Aufgaben. Er arbeitet als Anleger, das heißt: Er überträgt die Maße aus den Plänen auf den Bau, er zeichnet mit Strichen an, wo was hinkommt. Er hat mit dafür gesorgt, dass der Rohbau präzise nach Plan gebaut wurde. 0,9 Zentimeter Fehlertoleranz war sein Auftrag. Das ist auch wichtig, damit Fassadenelemente wie die Eckkartusche später passen.

„Dieses Schloss", sagt er, „ist auch mein Schloss." Und dann hält er eine kleine Rede: „Guck mal, ich bin 22 Jahre in Deutschland. Ich habe einen serbischen Pass, aber mein Land hat mir nichts gebracht. Ich vergesse nicht. Als ich hierherkam, war in meinem Heimatland blutiger Krieg. Hier konnte ich sofort arbeiten, Geld verdienen, meiner Familie helfen. Meine Kinder sind hier geboren, sie haben einen deutschen Pass. Das Schloss ist wie mein Haus. Und so baue ich es auch. Ich pfusche nicht. Ich baue dieses Schloss von meinem ganzen Herzen, wie ein Deutscher."

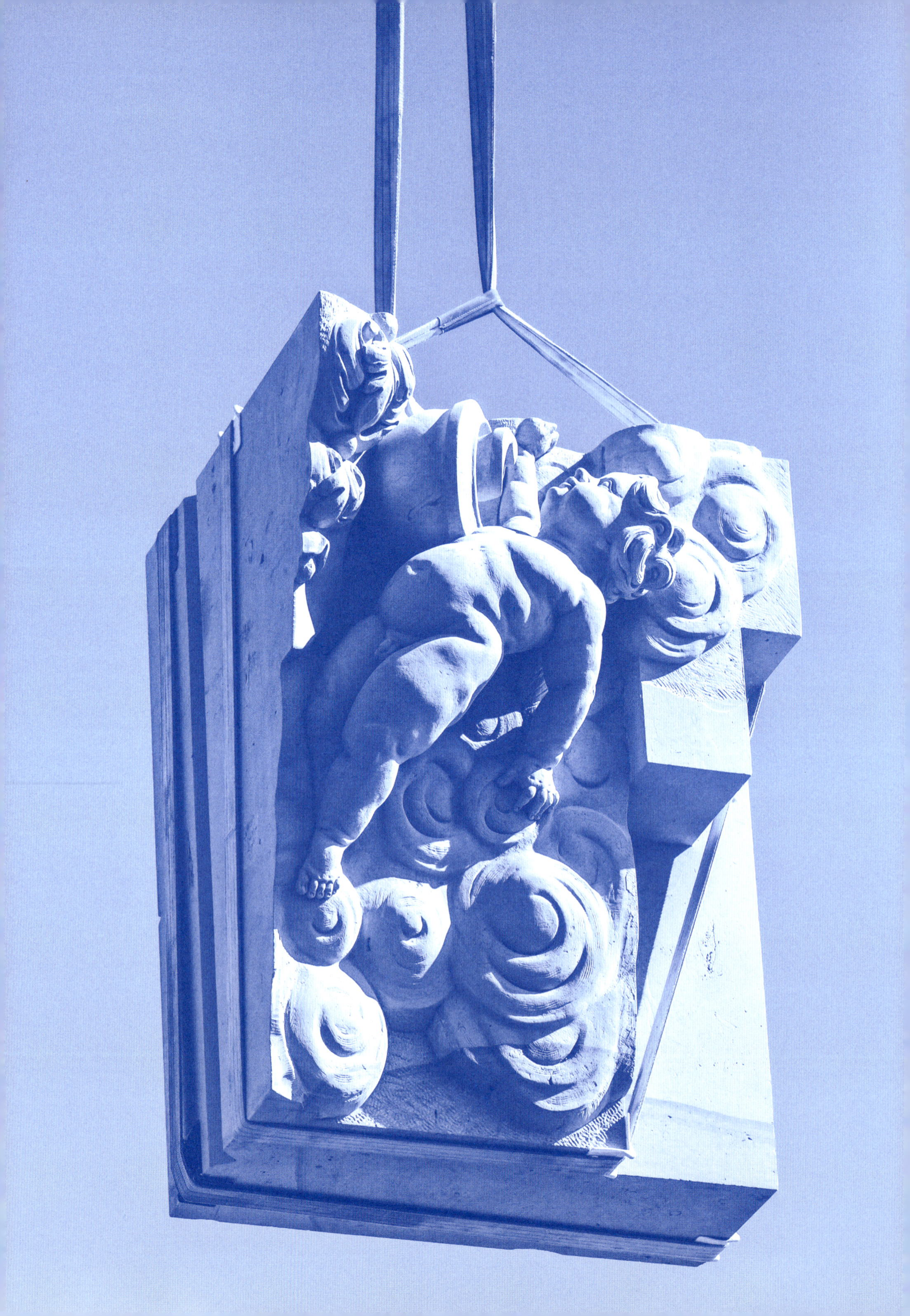

8

163

DIE VERSETZUNG

Bamberger Natursteinwerk Hermann Graser,
Schubert Steinmetz und Steinbildhauer, Berlin
April 2016

Am 16. April 2016 treffen die ersten Teile der Eckkartusche auf der Schlossbaustelle ein. Die Fassade an der Lustgartenseite ist weitgehend fertiggestellt. Vor dem Rohbau aus Stahlbeton ist sie freitragend aus Ziegeln und Naturstein hochgezogen worden, und rund um die Fenster sind schon Gesimse aus Sandstein angebracht. Den Auftrag für die Nord- und die Südfassade hat das Bamberger Natursteinwerk Hermann Graser mit Karl-Heinz Hellige als Polier. Die Firma ist auch für die Versetzung der Eckkartusche zuständig. Bildhauer aus der Werkstatt von Sven Schubert arbeiten die Stücke dann zum Schluss an.

Schon kurze Zeit nach dem Eintreffen schweben die von Hebebändern und Sicherungsgurten umschlungenen einzelnen Blöcke per Kran in die Höhe, vorbei an der eingerüsteten Fassade. Für die Bauleute und Bildhauer auf den Gerüsten bedeutet es noch einmal intensive körperliche Arbeit, jeden Sandsteinblock einzupassen, Gewindestangen durch die vorgebohrten Löcher zu führen, die Blöcke mit Mörtel und Kleber zu verbinden, sie anzuarbeiten sowie mit Hammer und Meißel die Übergänge zu bearbeiten. Die Eckkartusche hat ihren Ort gefunden. Und man fragt sich: Ist das Barock? Oder ein Meisterwerk des 21. Jahrhunderts?

DIE VERSETZUNG

166

1 Mit Tiefladern werden die Sandsteinblöcke auf die Baustelle des Schlosses geliefert.

2 Vorbereitung für das Versetzen der Sandsteinblöcke in die Fassade mittels eines Autokrans

3–4 Die linke Putte wird mit dem Kran hochgezogen und dann eingepasst.

DIE VERSETZUNG

DIE VERSETZUNG

168

Hochziehen der rechten Putte mit dem Kran

DIE VERSETZUNG

169

DIE VERSETZUNG

170

1 Die Putte wird oben in Empfang genommen.

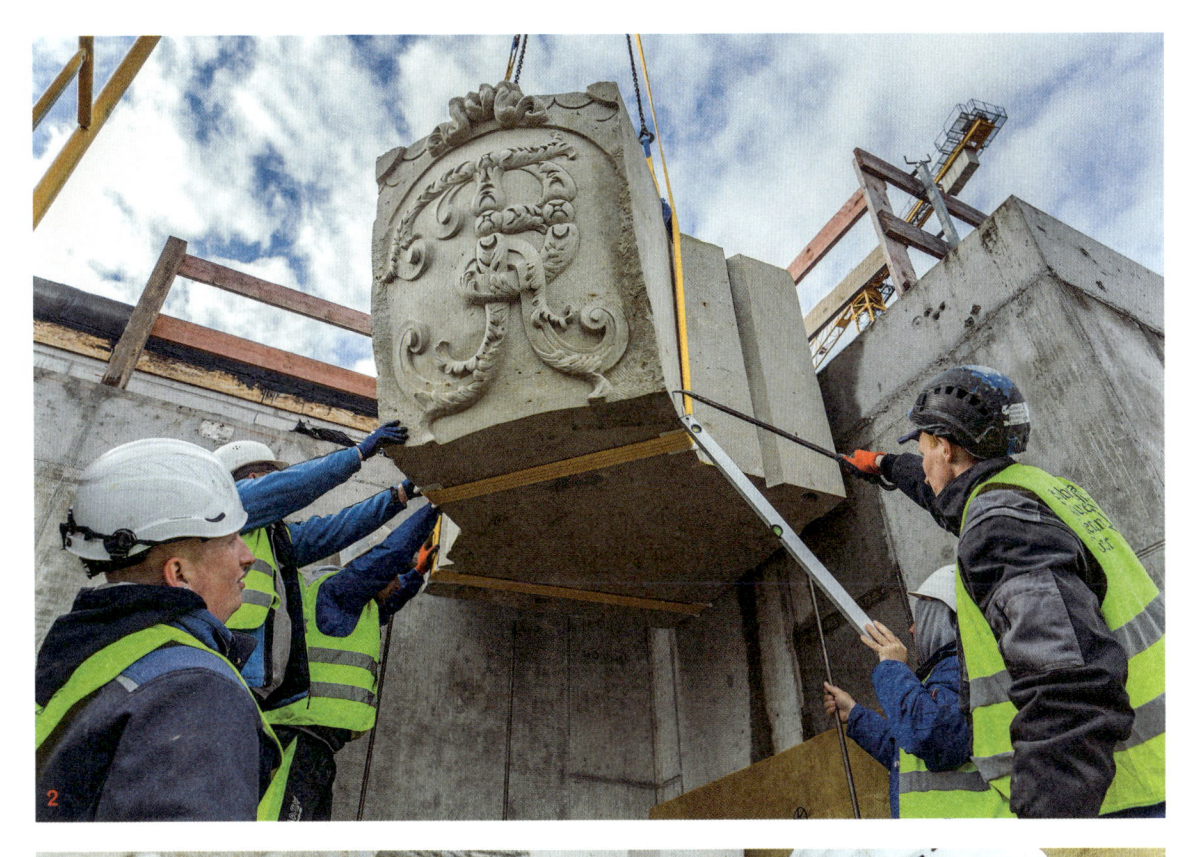

2–3 Der Block mit dem Initialschild wird hochgezogen und eingepasst.

DIE VERSETZUNG

DIE VERSETZUNG

172

1 Anarbeiten der Sandsteinblöcke in die Fassade

2 Der freie Arm einer Fama wird angebracht.

DIE VERSETZUNG

173

3 Die einzelnen in der Fassade versetzen Blöcke werden vom Steinbildhauer „zusammengearbeitet"

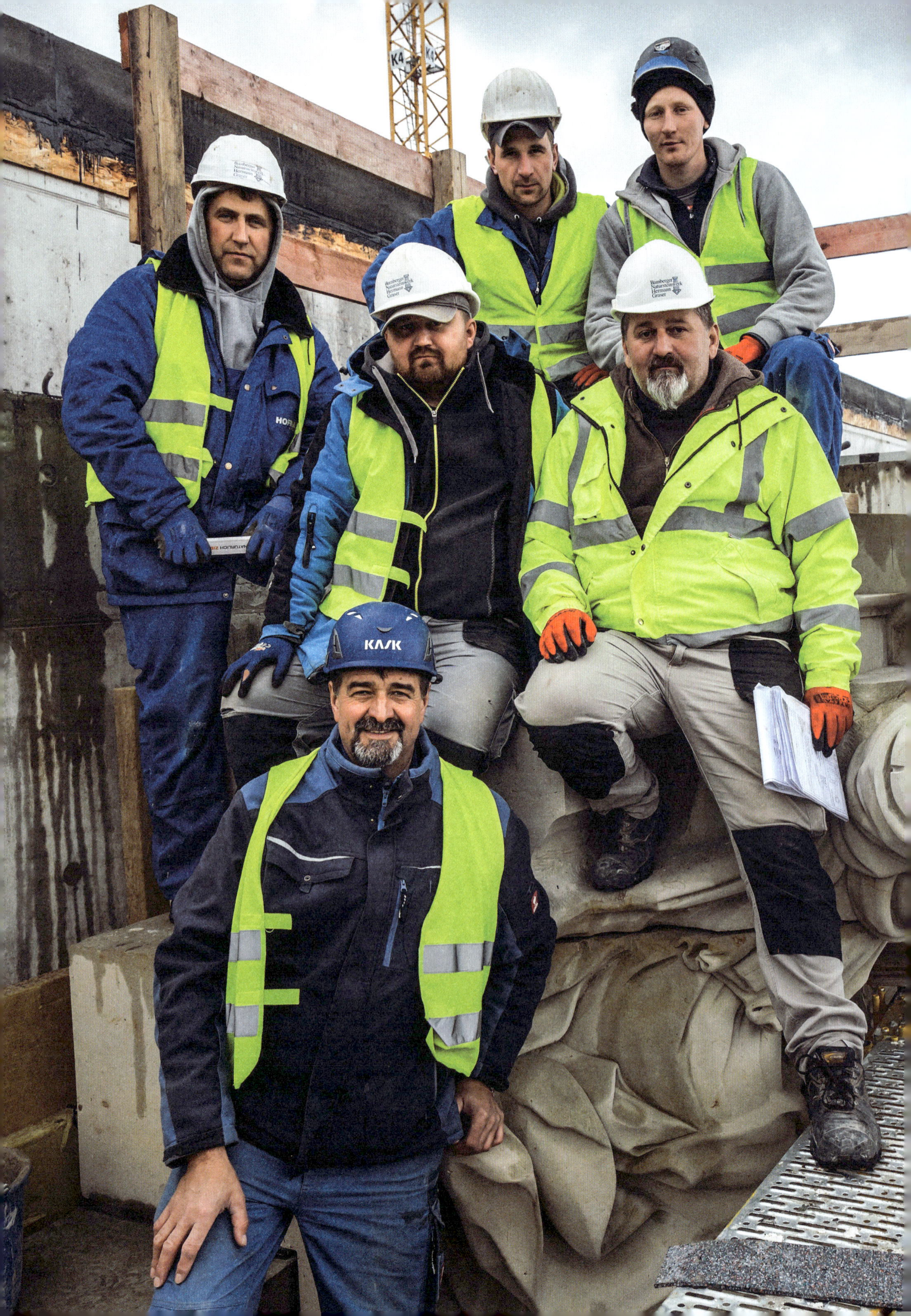
K4
KASK

Polier
KARL-HEINZ HELLIGE

Ein Mann mit Erfahrung und Bauchgefühl

Morgens früh kommt der Tieflader die Straße Unter den Linden entlang, fährt am Lustgarten vor und biegt rechts ab zum Nordtor. Vor der Schlossbaustelle kommt er zum Stehen. Auf der Ladefläche sind Teile der Eckkartusche verzurrt. Die Köpfe der Ruhmesverkünderinnen ragen über die Seitenklappen hinaus. Es sieht aus, als ob sie sich umschauen würden, neugierig auf ihr künftiges Zuhause. Zwei Bauleute machen ein Selfie mit ihnen. Karl-Heinz Hellige (auf dem Bild vorn) gesellt sich dazu, grauer Bart, verschmitztes Grinsen. Seine großen Hände tätscheln den Stein. Er ist Polier beim Bamberger Natursteinwerk Hermann Graser und der Mann, der dafür sorgen soll, dass die Eckkartusche an ihren Platz kommt.

Mit dem Bauchgefühl dabei

Die historische Fassade zum Lustgarten hin ist weitgehend fertiggestellt. Die Ecke ist vorbereitet, vor der Mauerwerkswand, die als freitragende Fassade vor dem Stahlbetontragwerk konzipiert ist. Auch die Fenster sind schon mit Sandstein gerahmt. Die Eckkartusche ist jetzt eine Position im Bauplan: „W01 Punkt 17 Stich 3 Punkt Null 210, Sandsteinsegment Unterkörper Fama Lustgartenfassade." Daneben stehen Länge, Breite und Gewicht – das Stück wiegt 5,1 Tonnen. Anlieferung am 18. April 2016 auf der Baustelle.

Das Bamberger Natursteinwerk hat die polnische Firma Kondin als Subunternehmer verpflichtet. Der Auftrag umfasst die Nord- und die Südfassade. Mit 25 Männern haben sie die Mauer hochgezogen, Sandsteinelemente montiert und alles vorbereitet, damit die Eckkartusche an ihren Platz kann. Dann haben sie den Autokran bestellt. Die normalen Baustellenkräne, die seit Monaten hoch über den Schlossmauern aufragen, können so große und schwere Elemente nicht heben. Karl-Heinz Hellige achtet darauf, dass alles richtig dimensioniert ist. „Da darf nichts passieren", sagt er. „Ich bin immer auch mit dem Bauchgefühl dabei. Wenn die Zugbänder für ein Gewicht von sechs Tonnen reichen, dann gebe ich lieber Bänder für acht oder zehn Tonnen, da bin ich auf der sicheren Seite."

„Ich bin ein Baumensch"

Karl-Heinz Hellige ist ein Mann mit Erfahrung. Die Liste der Objekte, die er betreut hat, ist lang: Beim KaDeWe in Berlin und auf der Airbase in Rammstein, bei der Deutschen Botschaft in Bratislava und beim Potsdamer Stadtschloss war er im Einsatz, er hat Kirchen, Fassaden, historische Bauten und moderne Architektur mitgebaut. Seit 1991 arbeitet Hellige auf Montage, seit zehn Jahren ist er beim Bamberger Natursteinwerk. Er sagt von sich: „Ich bin ein Baumensch."

Karl-Heinz Hellige ist im Fränkischen aufgewachsen. Nach der Schule ging er beim Steinmetz im Ort in die Lehre. „Wir haben Steine geklopft, Grabsteine versetzt, alles, was mit Naturstein zu tun hat." Diese Ausbildung macht es ihm leicht bei Aufträgen wie diesem. Er versteht die Steinbildhauer, spricht ihre Sprache. Er kennt den Naturstein und weiß, dass Sandstein sehr viel zerbrechlicher ist als Beton. „Eine falsche Aufhängung, ein falscher Zug, und schon platzt die Ecke ab. Und dann leidet immer die Schönheit." Zwar kann man das abgeplatzte Stück aus Steinersatzmasse modellieren oder ein neues Stück hauen und mit Stahlstiften verschrauben. Aber wer sich auskennt, der sieht, dass da was überarbeitet wurde.

Für Karl-Heinz Hellige hat die Woche früh begonnen. Am Montag ist er, wie derzeit immer montags, um halb zwei ins Auto gestiegen, weil er um halb sieben auf der Baustelle sein will. Von Bamberg nach Berlin sind es 426 Kilometer. „Ich habe auch mal probiert, schon sonntagabends zu fahren", erzählt er. „Aber dann ist vom Wochenende nichts übrig." Und später anzufangen geht nicht. Montag früh kommt Material an, und Montag früh gibt es auch die meisten Probleme. „Ich arbeite dann bis fünf, halb sechs, gehe zeitig ins Bett, und alles geht seinen Gang."

Ein Unternehmen voller Gefahren

Man muss hellwach sein, um die schweren Steinblöcke auf ein paar Millimeter genau an den Ort zu versetzen, an den sie sollen. „Da muss man erst denken", sagt Karl-Heinz Hellige in breitem Fränkisch. Wo bringt man die Gurtbänder an, damit sie eine solide Auflage haben? Hängt das Stück in der Waage? „Da darf nichts verkanten." Wenn das Stück kantet, dann setzt der Stein auf, und dann sind die Ecken gefährdet." Wo die Skulptur besonders empfindlich ist, wird sie mit Platten, Winkeln oder sogar mit einer Matratze geschützt.

Wenn die Bänder richtig sitzen, hebt der Kran an. Oben auf dem Gerüst stehen ganz gespannt und aufmerksam die Männer. Einer der Polen kreist mit dem Zeigefinger, er gibt dem Kranführer Zeichen. Arm auf. Arm ab. Seil auf, Seil ab. Auf Fingerzeig schwebt das Bauteil vor das Gerüst und auf seine endgültige Position zu. Hoch oben, fast schon im Himmel, schweben die Putten und Famen. Und was eben noch schwer zu sein schien, wirkt nun plötzlich ganz leicht.

Einmal stocken die Arbeiten. Irgendetwas läuft nicht so, wie es soll. Die Männer laufen auf dem Gerüst hin und her. Sie kommen mit einer Flex zurück, Funken sprühen. Später stellt sich heraus, dass das Gerüst genau fünf Zentimeter zu lang und im Weg war. Nun scheint alles zu passen. Sie setzen das Stück auf ein paar Balken, lösen die Hebebänder und ziehen sie unter dem Stein heraus.

Und zum Schluss: Millimeterarbeit

Für die Feinarbeiten gibt es sogenannte Anschlagmittel: In den Stein sind Löcher gebohrt, in denen Haken sitzen, an denen das Element dann hängt. Der Kran hebt wieder an, die Männer ziehen die Balken unter dem Stein vor. Jetzt wird untermörtelt, verfugt und fixiert. Da geht es um die letzten Millimeter. Die Männer drücken, als hätten sie Riesenkräfte, setzen Eisen und Hebewerkzeug ein. Und dann heißt es: „Ab, das passt."

Mit Gewindestangen aus rostfreiem V4A-Stahl sind die Stücke gesichert. Der Stahl ist im zweiten Stock im Gebäude verankert und wird oben über dem Hauptgesims in einer Stahlplatte verschraubt. In den Naturstein sind Löcher gebohrt, wie Perlen auf einer Schnur werden die Stücke auf die Stahlstange gefädelt. Dann wird Mörtel in das Loch gegossen, so dass alles fixiert ist. „Früher sagte man: Wenn zwei Drittel vom Gewicht mit dem Schwerpunkt im Gebäude liegen, dann hält das", sagt Hellige. „Jetzt will man Gewicht und Stein sparen und verschraubt die Teile."

Sein größter Wunsch: Einmal Mäuschen im Barock sein

Wenn Karl-Heinz Hellige einen Wunsch frei hätte, würde er sich in die Vergangenheit beamen und mal schauen, wie die Bauleute von damals so große Stücke bewegt haben. Klar, die haben sicherlich auch Behelfsgerüste gebaut und mit Dreibock, Ketten und Flaschenzügen gearbeitet, um die Stücke an ihren Platz zu heben. Um aber zu sehen, wie das praktisch ablief – ohne Autokran, der auf Fingerzeig reagiert, stattdessen mit unglaublich vielen Menschen –, wäre Hellige gern mal Mäuschen.

Beim Versetzen der Eckkartusche waren sie oftmals nur sechs Männer, und sie brauchten auch nur ein paar Tage, bis das Puzzle aus Famen, Putten und Wappenschild komplett war. Dann traten Hellige und seine Männer zur Seite. Noch einmal waren die Bildhauer dran. Ralf Knie und Dirk Wachtel von der Werkstatt Schubert Steinmetz und Steinbildhauer übernahmen. Sie haben die Flügel angeschraubt, die Arme montiert und die Übergänge zwischen den einzelnen Blöcken geglättet. Karl-Heinz Hellige ist mit dem Werk zufrieden. „Nicht eine Macke", sagt er.

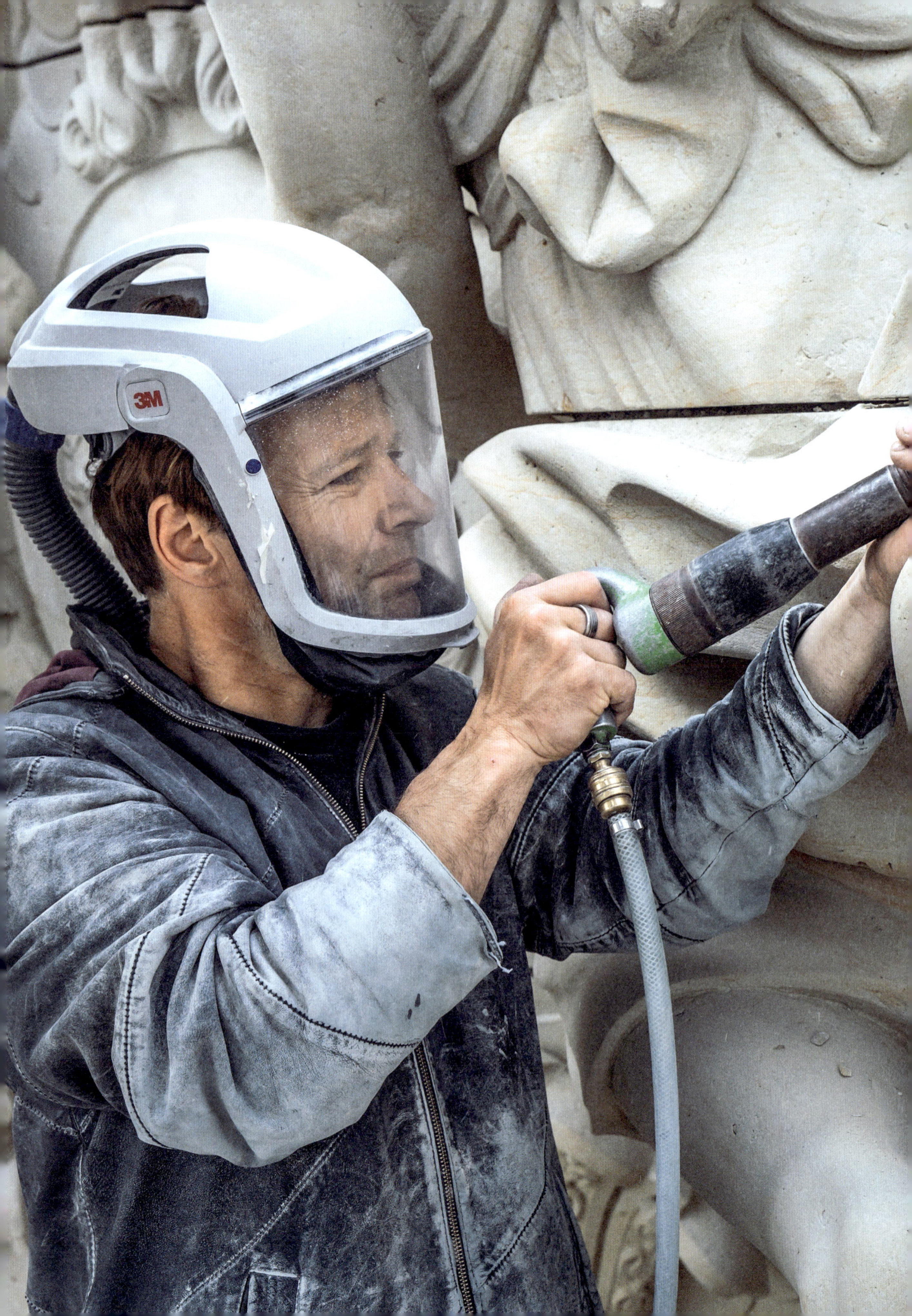
3M

Steinmetz und Bildhauer
DIRK WACHTEL

Er begleitete die Eckkartusche bis ans Schloss

Langsam hebt der Kran die Fama empor. Auf der Terrasse der Humboldt-Box steht Dirk Wachtel und schaut zu. Es ist seine Ruhmesverkünderin, die in die Lüfte steigt, er hat sie in der Werkstatt von Sven Schubert mit seiner Hände Arbeit aus dem Stein gehauen. „Normalerweise", sagt er, „bin ich beim Versetzen nicht dabei." Aber diesmal wollte er sich das nicht entgehen lassen. Es ist das größte Werk in seiner bisherigen Laufbahn.

Alle sind da

Fast alle, die an der Eckkartusche mitgearbeitet haben, sind da. Andreas Hoferick und seine Leute. Bertold Just, Leiter der Schlossbauhütte. Friedrich Keller und andere Mitglieder der Expertenkommission. Sven Schubert und sein Team. Die Mitarbeiterinnen und Mitarbeiter der Stiftung Humboldt Forum im Berliner Schloss. Und natürlich die Presse. Sie alle stehen auf der Terrasse der Humboldt-Box, plaudern vergnügt und sehen zu, wie die Bauleute auf dem Gerüst die letzten Stücke der Eckkartusche in die Fassade einsetzen.

Der Busen ist vertraut

Dirk Wachtel steht neben den Männern, die in der Werkstatt von Andreas Hoferick das Gipsmodell im Maßstab 1:1 geformt haben, nach dem Wachtel dann die Fama in Stein gehauen hat. Vermutlich ist niemandem der Busen der Fama, die da im Kran hängt, so vertraut wie diesen Männern.

Modell und Eckkartusche sind sich ähnlich. Aber sie sind nicht identisch. Es gab Partien, die Dirk Wachtel noch verändert hat. Bei dem einen Putto zum Beispiel empfand er die Halsfalte als nicht ganz glaubwürdig. Die Expertenkommission hatte solches Mitdenken ausdrücklich gewünscht. Es handelt sich um eine Rekonstruktion, also ein Zusammendenken der wenigen erhaltenen Fotografien, des Wissens um die Formensprache der Zeit und des ästhetischen Empfindens der beteiligten Künstler und Experten.

„Es gehört Mut dazu, die Dinge anders zu machen"

Es gibt andere Aufträge, bei denen sich der Steinbildhauer sklavisch am Modell orientieren muss, auch wenn er manches merkwürdig findet. Aber in diesem Fall wusste niemand so genau, wie das Original einst aussah. Man näherte sich ihm gemeinsam an. „Trotzdem gehört Mut dazu, Dinge anders zu machen, als es das Modell vorgibt", sagt Wachtel. Die Expertenkommission kam ja nur alle paar Wochen vorbei, und was in Stein gehauen ist, das steht da, unverrückbar. „Da muss man sich sicher sein und die Dinge gut begründen können", sagt Wachtel. „Das war das Schöne an der Arbeit, dass wir mitgestalten konnten."

Unter den Gästen auf der Terrasse ist auch Jürgen Klimes, einst Leiter der wichtigsten Bildhauerwerkstatt in Ost-Berlin. Dirk Wachtel hat Anfang der neunziger Jahre bei Klimes gearbeitet und viel von ihm gelernt. Damals standen die beiden Figurengruppen der Sklaven im Hof, die nach der Restaurierung an ihren Platz auf dem Dach des Zeughauses zurückkehrten. An diese Sklaven musste er bei der Arbeit an der Eckkartusche immer wieder denken. „Sie waren nur Augen, Nase, Ohren, Mund", erinnert er sich. Wie Karikaturen haben sie auf ihn gewirkt. „Aber später, auf dem Dach, haben sie funktioniert."

Die ungewisse Wirkung der Eckkartusche

Auf große Entfernung nimmt man Details anders wahr, als wenn man direkt davorsteht. Deshalb hat Wachtel bei den Famen und Putten noch manche Linie verstärkt, „wie bei einer Zeichnung, wo man mehr Schwärzen setzt". Der wirklich spannende Moment steht noch aus. Wie wird die Eckkartusche wirken? Dieser Eindruck lässt sich nicht simulieren – auch nicht, indem man die Kartusche auf den Boden legt und ganz weit weggeht. „Das Licht fällt anders", sagt Wachtel. „Und mit dem Licht verändern sich die Schatten." Aber wenn alle Gerüste und die Humboldt-Box abgebaut sind, wird man vom Lustgarten her freie Sicht haben. Es bleibt also spannend.

DIE VERSETZUNG

182

Die Eckkartusche an der Fassade, es fehlen noch die Krone,
die Trompeten und die Vergoldung.

DIE VERSETZUNG

183

Autorin und Fotograf

CORNELIA GERLACH
Cornelia Gerlach, Jahrgang 1960, lebt und arbeitet als freie Autorin und Journalistin in Berlin. Sie schreibt Reportagen vor allem für Brigitte, DIE ZEIT, Mare und brandeins und koordiniert www.amalberlin.de. Ihr Buch „Pionierin der Arktis" rekonstruiert Josephine Pearys Reisen ins ewige Eis.

ROLF SCHULTEN
Rolf Schulten, Jahrgang 1959, hat Fotografie in Bielefeld studiert. Seit 1990 lebt und arbeitet er als freier Fotograf in Berlin.

Bildnachweis

Fotos:
Rolf Schulten

Historische Fotos:
S. 8–9: Landesarchiv Berlin, F Rep. 290 Nr. 0403699 / Fotograf: Waldemar Titzenthaler

S. 10: Stiftung Preußische Schlösser und Gärten Berlin-Brandenburg, Fotograf: Oberhofmarschallamt / Verwaltung der Staatlichen Schlösser und Gärten (1927–1945)

Impressum

BAROCK IN ARBEIT
Die Kunst der Rekonstruktion und das neue Berliner Schloss

Eine Publikation des Museums des Ortes der Stiftung Humboldt Forum im Berliner Schloss.

Autorin:
Cornelia Gerlach

Fotograf:
Rolf Schulten

Herausgeberin:
Judith Prokasky im Auftrag der Stiftung Humboldt Forum im Berliner Schloss

Redaktion:
Mareen Maaß

Lektorat:
Annette Vogler

Bildredaktion:
Mareen Maaß, Rolf Schulten

Gestaltung:
e o t . Berlin mit Karolina Leczkowski

Bildbearbeitung:
bildpunkt, Berlin

Druck und Bindung:
Medialis Offsetdruck, Berlin

Mit einem besonderen Dank an Bertold Just, Kerstin Ischen und Dr. Andreas Goeschen.

Die Deutsche Nationalbibliothek verzeichnet diese Publikation in der Deutschen Nationalbibliografie; detaillierte bibliographische Daten sind im Internet über www.dnb.de abrufbar.

© Berlin 2017
ISBN 978-3-00-056766-7

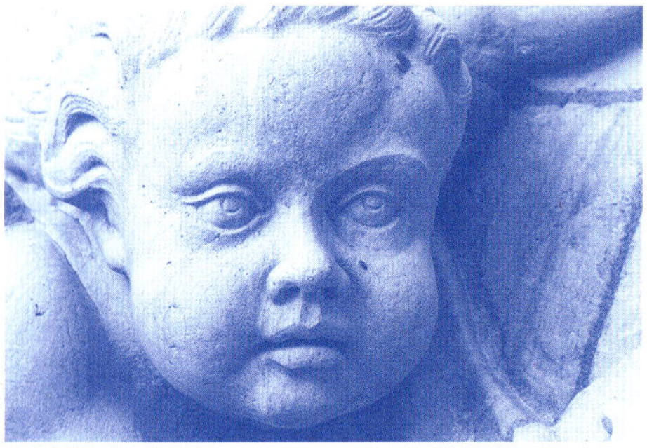
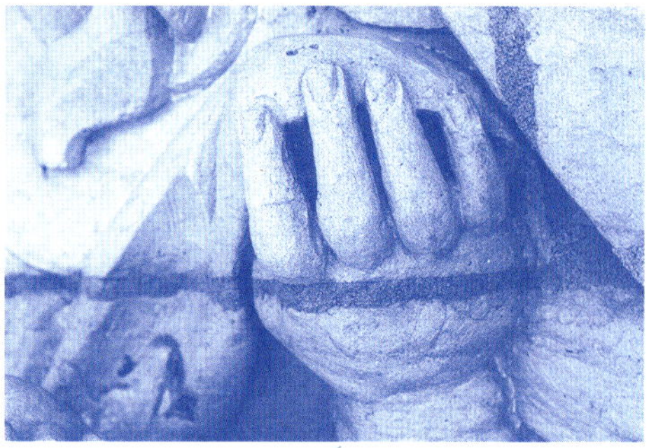
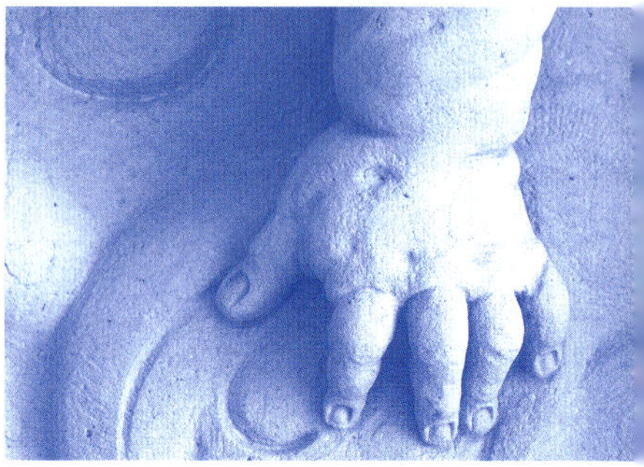
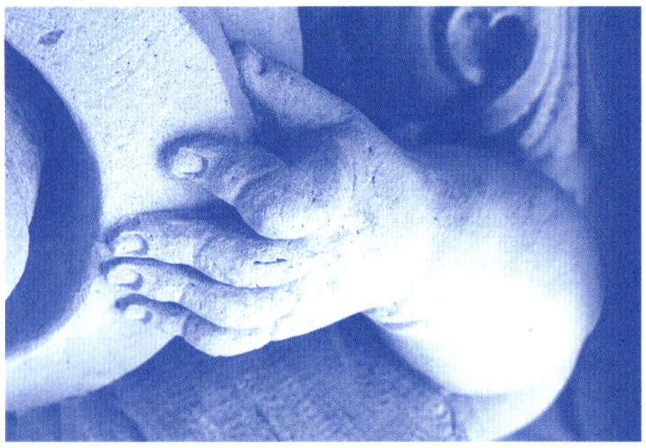
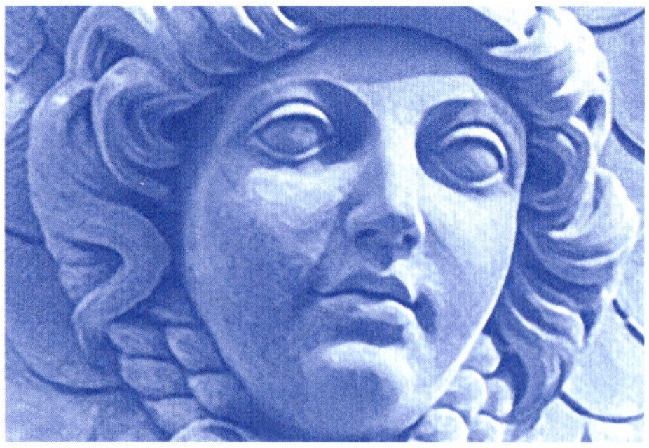
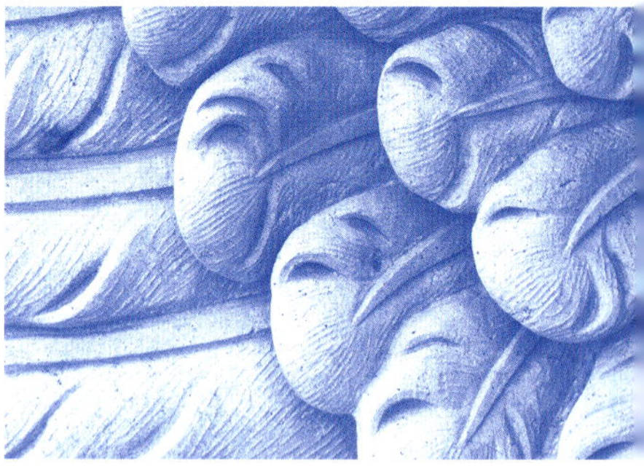
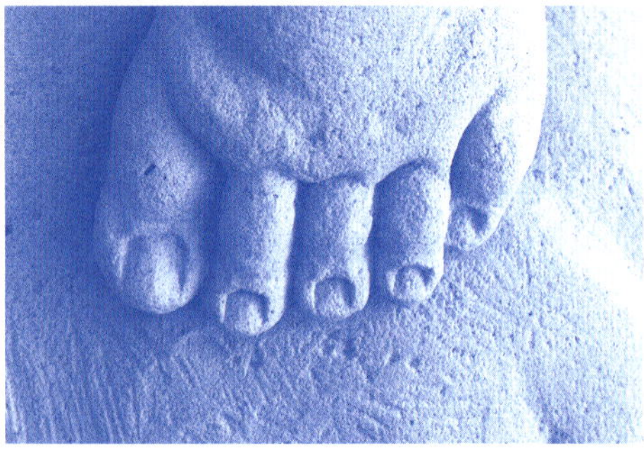
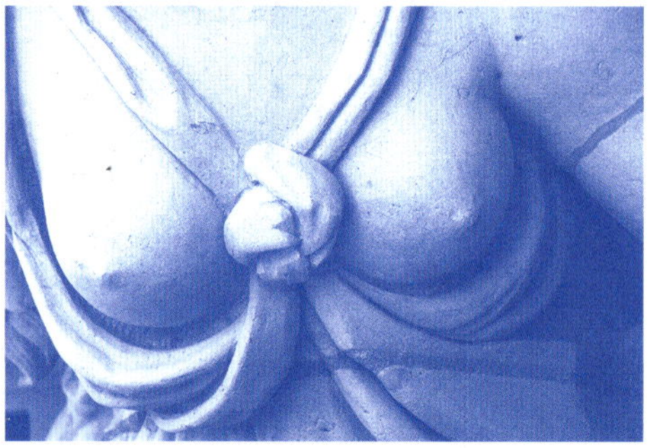
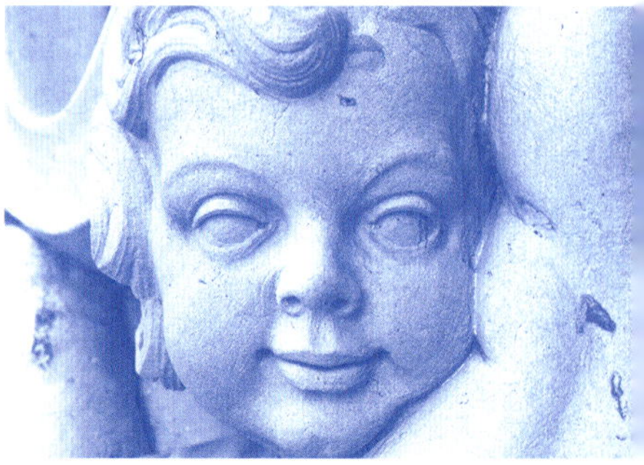
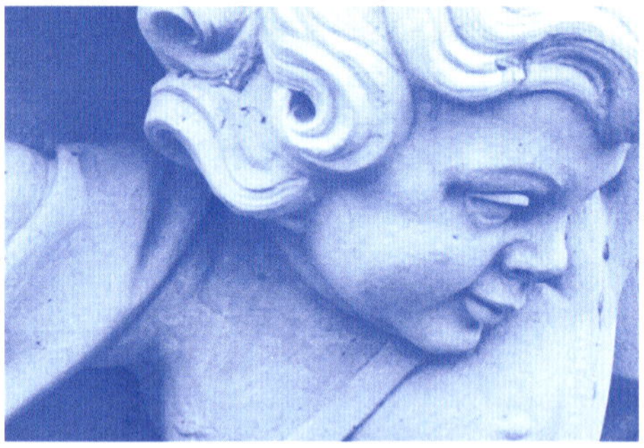
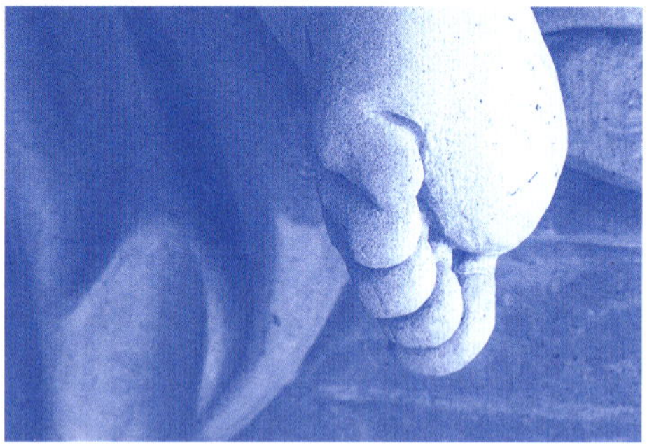
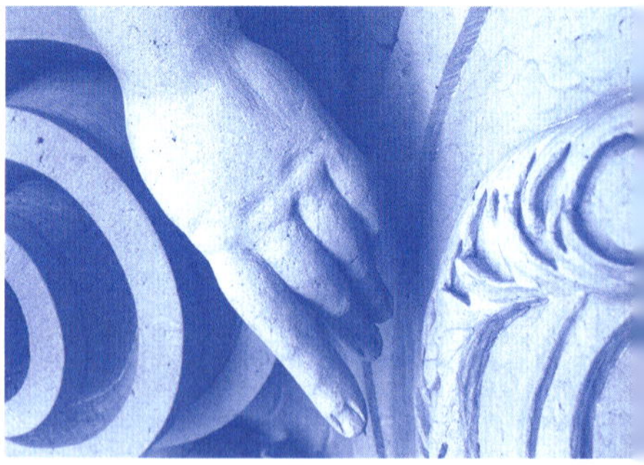
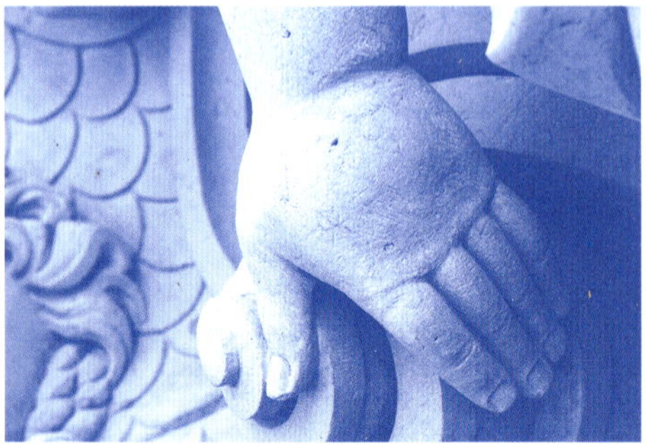
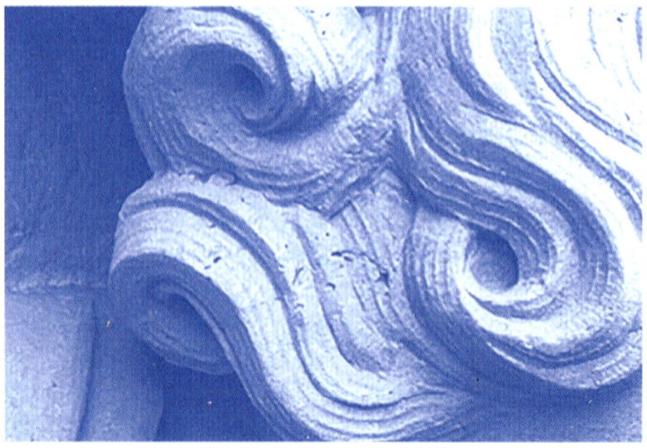
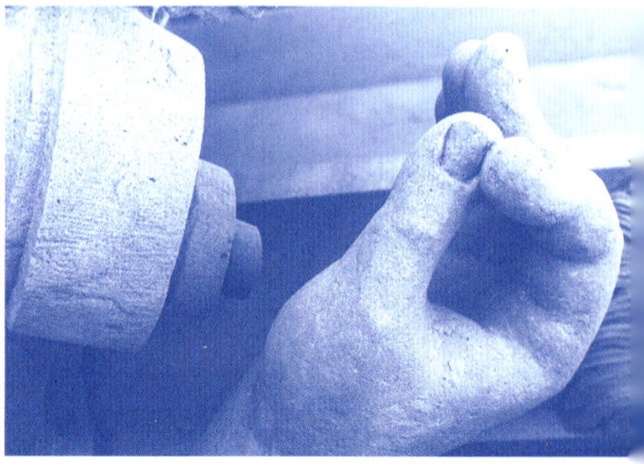
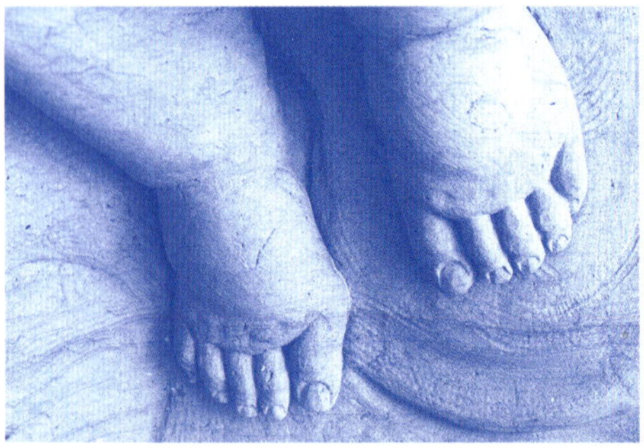
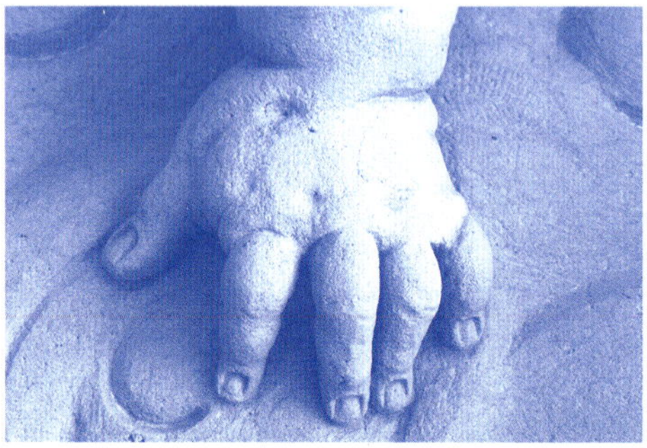
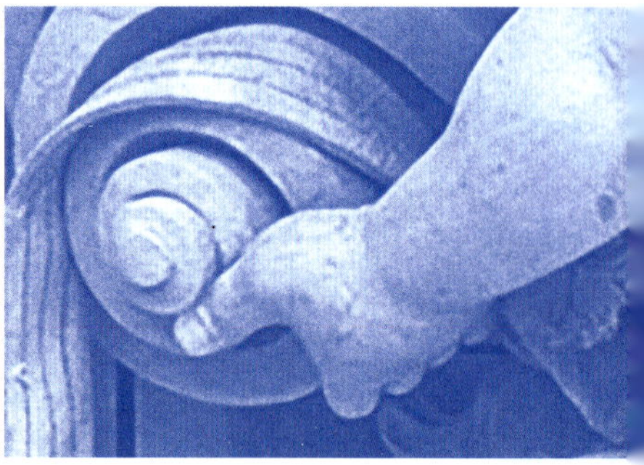